영성을 깊게 하는

레위기 묵상

Originally published under the title of
Meditations on the Leviticus
Copyright© Up Look Magazine

Korean translation copyright
© 2008 by Brethren House, Korea
All rights reserved

영성을 깊게 하는 레위기 묵상
ⓒ형제들의 집 2008

초판 발행 • 2008.1.7
지은이 • C.H. 매킨토시 외 지음
옮긴이 • 이 종 수
발행처 • 형제들의집
판권ⓒ형제들의집 2008
등록 제 7-313호(2006.2.6)
Cell. 010-9317-9103
홈페이지 http://brethrenhouse.or.kr
E-mail: maskil@freechal.com
ISBN 978-89-957814-8-7

*값은 뒤표지에 있습니다.
*잘못된 책은 바꿔드립니다.
*서점공급처는 〈생명의말씀사〉 입니다. 전화(02) 3159-7979(영업부)

영성을 깊게 하는

레위기 묵상

C. H. 매킨토시 외 지음 | 이종수 옮김

 형제들의 집

역자서문

이 책은 레위기에 나타난 5가지 제사에 대한 깊은 묵상을 다루고 있다. 이 주제에 대해 해리 아이언사이드, R. 킹스코트, 조지 로저스, 존 리치, J. R. 칼드웰, 찰스 매킨토시, 찰스 스탠리 등 신뢰할만한 저자들의 영감 받은 손에 의해 기록된 책이기에 더욱 값지다.

레위기를 무미건조한 유대인의 규례 목록 정도로밖에 생각하지 못하는 그리스도인이라면, 이 책을 꼭 읽어보아야 한다. 레위기는 그리스도에 대한 인격과 사역에 대한 깊은 의미를 담고 있다. 주 예수 그리스도의 인격과 사역에는 무한한 충만함이 있어서 한 사람의 죄인 또는 한 사람의 예배자로서 우리의 모든 필요를 충족시킨다. 그리스도의 인격의 무한한 위엄이 그의 사역에 영원한 가치를 부여해주기 때문이다. 그래서 레위기를 깊이 묵상하면 할수록 영적 부(富)의 무궁무진한 보고(寶庫)가 있음을 발견하게 된다. 우리는 레위기의 놀라운 기록들을 신약성경에 비추어 보면서 우리의 눈에 드러나는 사실들로 인해 하나님께 깊은 경배를 올리게 된다.

바라건대 독자는 이 '영성을 깊게 하는 레위기 묵상'을 기도하는 마음으로 부지런히 읽고 묵상해 주시기를 부탁드린다. 하나님과의 친밀한 사귐의 근거와 특성이 되는 그리스도의 인격 및 사역에 대해 레위기가 비쳐주는 그

빛을 통해 영원한 실재를 누리며 살고자 하는 독자에게는 커다란 축복이 될 것이다. 흔히 우리가 아무런 흥미도 없고 교훈도 없다고 생각하기 쉬운 레위기의 여러 가지 의식(儀式)들에서 실제적이고도 흥미진진한 값진 교훈들을 얻게 될 것이다.

　무엇보다도 깊은 묵상을 통해 그리스도의 인격 속으로 더 깊이 침잠해가는 자신을 보면서, 이전과는 사뭇 다른 깊은 영성으로 나아가는 자신을 보며 하나님께 깊은 경배를 올리게 될 것이다. 많은 귀한 하나님의 자녀들에겐 넘치는 위로와 축복이 될 것이며, 새로운 신자들에겐 나아가야 할 영적 이정표를 얻게 될 것이다. 그리고 그리스도의 도를 알기를 원하는 독자들에겐 그리스도를 통해 이루어진 구원의 도리를 밝히 깨우치게 될 것이며, 구원의 확신을 갖게 될 것이다. 아무쪼록 이 책을 읽는 모든 독자들의 다양한 필요들이 풍족히 채워지길 바라면서 서문을 마친다.

역자 이종수

차례

역자 서문

1. 레위기 묵상에 대한 개관_해리 아이언사이드
   그리스도에 대한 다섯 가지 묘사 • 13

2. 모든 것을 하나님을 위하여_R. 킹스코트
   번제 • 27

3. 하늘로서 내려온 떡_조지 로저스
   소제 • 41

4. 하나님과 함께 하는 식탁_존 리치
   화목제 • 51

5. 진 밖으로_J.R. 칼드웰
    속죄제 • 63

6. 해를 입힌 것을 보상하다_C. H. 매킨토시
    속건제 • 75

7. 마지막 말씀_찰스 스탠리
    새를 산 채로 드리는 제사 • 87

부록_
    존 R. 칼드웰, 찰스 맥킨토시, 찰스 스탠리 약전 • 97

레위기 묵상에 대한 개관_
그리스도에 대한
다섯 가지 묘사

그리스도에 대한 다섯 가지 묘사

해리 아이언사이드(H. A. Ironside)

레위기의 처음 몇 장 가운데 우리에게 주신 그리스도의 인성과 사역에 대한 놀라운 모형과 예표를 주의 깊게 공부해보지 못한 수많은 하나님의 자녀들이 있습니다. 여기서 우리는 각각의 독특한 특징을 가진 제사를 묵상해 봄으로써, 그리스도의 십자가 사역의 다양한 면을 드러내고, 그 일을 이루신 우리 주님의 인성(Person)의 영광을 밝히고자 합니다. 우리가 만일 신약성경에 계시된 놀라운 진리에 대한 그림과 비교하면서 묵상한다면, 우리 심령에 매우 유익하리라 봅니다.

다섯 가지 제사는 매우 다양한 방법으로 나눌 수 있습니다. 먼저 우리는 네 가지 제사 곧 번제, 화목제, 속죄제, 속건제가 피흘리는 희생제사를 포함하고 있음을 알 수 있습니다. 고기로 드리는 제사, 고운 가루로 드리는 제사 또는 음식으로 드리는 제사는 피흘림이 없는 제사로 저마다 독특한 역할을 담당하고 있습니다.

그리고 죄로 인해 드리는 제사와는 상관없이 향기로운 냄새로 드리는 제사가 있습니다. 번제, 소제 그리고 화목제는 모두 "여호와께 향기로운 냄새"로 드리는 제사로 불리워집니다. 이것은 속죄제나 속건제와는 전혀 달랐습니다. 하나님께서 이러한 구별을 두신 이유에 대해서는 우리가 공부해 가는 중에 분명하게 드러날 것입니다.

다섯 가지 제사는 우리의 복된 주 예수 그리스도의 인성과 사역에 대해 놀랍고도 다양한 그림들을 우리에게 제시해 주고 있습니다. 그것들은 예수님께서 은혜로 죄인들을 위해 죽으신 것과 사랑하는 자 안에서 용납된 자들을 이제 하나님 앞에 세우시기 위해 어떻게 되신 것과 아울러 하나님께 그리스도가 어떠한 분이신지를 예표로써 보여주고 있습니다.

우리가 만일 이러한 세부적인 내용들을 이해하는데 어려움을 느낀다면, 하나님 앞에서 마음을 훈련해야 하고, 기도와 묵상을 통해 신령한 진리들을 깊이 이해하는데까지 나아가야 합니다. 우리 구주 예수님과 친밀한 교제를 나눌수록 우리는 하나님의 말씀이 계시하는바, 십자가 위에서 행하신 그리스도의 사역의 세세한 내용들 안으로 깊이 들어갈 수 있으며, 더욱 그 모형들을 이해하는데 어려움이 없게 될 것입니다.

　　우리가 레위기의 처음 일곱 장을 상고할 때에, 우리는 하나님의 관점에 따라 보아야 합니다. 왜냐하면 그것들이 주님에 대한 모형으로써 주어졌기 때문입니다. 따라서 번제부터 살펴보면, 번제는 레위기에 나타난 모든 제사 가운데 십자가 사역에 대한 최고의 예표가 되는 것을 보게 됩니다. 그리고 점차 소제, 화목제, 속죄제, 속건제 순으로 묵상해 갈 때, 번제가 왜 그리스도의 사역의 첫 번째 모습인지에 대해 쉽게 이해하게 됩니다. 우리 대부분은 하나님의 은혜가 처음 우리 심령에 이르렀던 때를 기억합니다. 우리는 하나님과 우리 사이를 가로막은 우리의 죄들로 인해 심히 곤고해 있었으며, 그것은 우리가 해결해야 할 가장 큰 문제였습니다. 어떻게 하면 죄들이 제해지겠습니까? 어떻게 하면 이러한 정죄 의식으로부터 자유로울 수 있겠습니까?

우리 스스로 할 수 없었으나 십자가에서 이루신 우리 주 예수님의 사역을 통해서 하나님께서 우리를 위해 행하신 일을 볼 수 있도록 우리를 어떻게 인도하셨는지, 우리 대부분은 결코 잊을 수 없을 것입니다. 이것은 속건제에 대한 진리로서, 죄는 범과에 따라 진 빚을 나타내고 있습니다.

그러나 좀 더 상고해 보면 십자가의 사역에 대한 좀 더 높은 차원의 통찰력을 갖게 됩니다. 죄는 다만 해결해야 할 빚만이 아니라, 오히려 그 자체로써 더러우며 부정한 것으로 하나님과 교제하는데 우리를 합당치 못한 존재로 만드는 것이었습니다. 점차 하나님의 성령께서는 속죄의 또다른 단면을 밝히 보여 주십니다. 즉 우리 주님은 모든 범죄를 위한 속죄물이 되셨을 뿐만 아니라 우리 모두를 위해 우리의 죄(defilement)가 되셨다는 것입니다. "하나님이 죄를 알지도 못하신 자로 우리를 대신하여 죄를 삼으신 것은 우리로 하여금 저의 안에서 하나님의 의가 되게 하려 하심이니라"(고후 5:21).

우리의 삶에는 거룩하신 아드님께서 속죄 제물이 되셨을 뿐만 아니라 갈보리 십자가 위에서 우리를 위해 죄가 되셨기에, 우리가 영원히 구원받았으며 하나님 앞에서 온전케 되었음을 보았던 그 놀라운 순간이 있었습니다.

그러나 우리가 더 배워야 하는 다른 교훈이 있습니다. 죄들로 인해 하나님과 원수되었던 사람은 의를 기초로 한 교제가 시작되기까지 하나님과 교제를 갖는 일은 불가능하다는 것입니다. 무슨 일이 먼저 하나님 앞에서 일어나야 하며, 그후에야 비로소 하나님과 사람 사이에 완전한 즐거움과 만족 가운데 만날 수가 있게 됩니다.

그러므로 우리는 그리스도의 사역이 갖는 화목제의 면모를 보게 됩니다. 하나님은 우리를 그분과의 교제로 부르고자 하시며, 이것만이 우리 주 예수님의 죽으심을 통하여 구속된 죄인들을 하나님과 화목시키는 길임을 보게 됩니다.

우리 구주께서 행하신 사역의 가치를 더욱 깊이 묵상해 갈수록, 우리 자신이 그 일을 이루신 분의 인성(Person) 안으로 더욱 침잠해(occupied) 가는 것을 발견하게 됩니다. (구원받은)초기에 우리가 죄에 대해 평강을 가질 수 있었던 것은 보혈의 가치로 인한 것이었으나, 영적인 성장을 할수록, 우리는 주님이 어떠한 분이신 지를 경험적으로 알게 되며, 이내 주님 자신을 기뻐하는데까지 이르게 됩니다. 이것이 바로 소제인 것입니다. 소제에서 우리가 보게 되는 것은 그리스도께서 완전하시며, 하나님이시며 사람이신 그리스도는 영광스러운 하나의 위격

(Person)이시라는 것입니다. 우리의 마음은 그리스도를 기뻐하므로 만족을 얻게 됩니다.

우리 주님의 인성과 사역에 대해 숙고해야 할 다른 면이 남아있는데, 이것은 번제에 관한 것입니다. 수년이 지난 후에야 비로소 우리 대부분이 이해하게 되는 것은, 처음에는 희미하게 깨닫게 되지만 점차로 충만한 영광에까지 이르게 되는데, 우리가 구원받은 초기에는 거의 서광조차 비치지 않았던 것입니다. 비록 십자가에서 이루신 그리스도의 사역을 통해 죄인들이 구원받지 못할지라도, 십자가의 사역에는 죄인의 구원보다도 하나님께 더욱 의미심장하고, 더욱 놀랄만한 중요성이 있다는 것을 우리는 알아야 합니다.

즉 십자가는 그리스도께서 죽기까지 온전히 순종하심으로 하나님을 영화롭게 해드린 사실을 극명하게 보여

준다는 것입니다. 이것이 십자가 사역에 있어서 번제의 측면입니다. 십자가의 사역을 통해 하나님은 사람의 타락으로 잃으신 것보다 더욱 큰 영광을 얻으셨습니다. 그러므로 우리가 확신 가운데 말할 수 있는 것은 비록 어떤 죄인이 나무에 달리신 우리 주님의 희생을 통해 구원받지 못한다 할지라도, 하나님은 죄에 관하여는 완전한 영광을 받고 계신다는 사실입니다. 한 점의 오점도 주님의 성품에 전가할 수 없을 뿐만 아니라, 주님이 죄에 대해서는 철저히 혐오하시고, 거룩에 대해서는 온전히 기뻐하신 일에 대하여 영원토록 의문을 제기하지 못할 것입니다.

그러므로 레위기서에는 번제가 처음으로 등장하고 있는데, 이는 그것을 하나님께서 가장 귀히 여기실 뿐만 아니라, 우리도 가장 귀한 것으로 여기기를 바라시기 때문입니다.

드려지는 속죄제사에는 몇 가지 종류 또는 등급이 있습니다. 예를 들면, 번제는 생축 중에서 소나 양으로 드려지거나, 또는 양떼의 암컷 어린 양이나 염소로, 또는 집비둘기나 어린 반구로 드려졌습니다.

이러한 제사의 여러 등급은 제사를 드리는 사람의 능력여하에 따른 것입니다. 만일 힘이 소에 미치지 못하면 양이나 염소를 가져가야 하며, 더 가난한 사람은 새를 가져가야 합니다. 이 모든 것들이 다 그리스도를 예표하고 있습니다. 이것들을 어떻게 영적으로 이해해야 하는가 하는 것은 여전히 우리가 풀어야 할 과제입니다. 우리 중 어떤 사람들은 그리스도에 대하여 깨닫는 바가 미력하지만, 주님을 아주 귀히 여기고, 주님을 사랑하며, 그리고 주님을 신뢰합니다. 이것은 우리가 새로써 제물을 삼아 하나님께 나아가는 것과 같습니다. 새가 하늘에 속한 것을 나타내듯이 우리가 주님을 하늘에 속한 분으로 알고 있는 것과 같습니다.

어떤 사람들은 조금 더 그리스도께 대한 이해를 가지고 있는데, 이것은 양떼 중에서 제물을 가져오는 것과 같습니다. 우리는 주님을 "마치 도수장으로 끌려가는 어린 양과 털 깎는 자 앞에 잠잠한 양같이 그 입을 열지 아니한" 하나님께 온전히 드려진 분으로 보게 됩니다. 또한 주님을 그 은혜로 인해 죄인의 자리에 대신 서신 염소의 모습으로도 볼 수 있습니다. 또 어떤 사람들은 주님의 인성과 사역에 대한 더 높고 더 충만한 이해를 갖고 있습니다. 우리는 이 모든 일에 하나님의 뜻을 행하기를 기뻐하시는 강하고 인내하는 황소의 모습을 지닌 주님을 보게 됩니다.

우리는 주님을 더욱 알고자 하며 주님께서 행하신 놀라운 십자가 사역을 더욱 깊이 깨닫기를 바라는 목적과 목표를 가지고 있습니다. 십자가 사역은 하나님께 더욱 의미심장한 것일 뿐만 아니라, 우리에게는 영원한 복의 근원이 되는 것입니다. 성령님께서 우리로 하여금 더욱 깊은 묵상으로 나아가도록 도우시길 빕니다.

모든 것을 하나님을 위하여_
번제

"여호와께서 회막에서 모세를 부르시고 그에게 일러 가라사대 이스라엘 자손에게 고하여 이르라 너희 중에 누구든지 여호와께 예물을 드리려거든 생축 중에서 소나 양으로 예물을 드릴지니라 그 예물이 소의 번제이면 흠 없는 수컷으로 회막문에서 여호와 앞에 열납하시도록 드릴지니라 그가 번제물의 머리에 안수할지니 그리하면 열납되어 그를 위하여 속죄가 될 것이라 그는 여호와 앞에서 그 수송아지를 잡을 것이요 아론의 자손 제사장들은 그 피를 가져다가 회막문 앞 단 사면에 뿌릴 것이며 그는 또 그 번제 희생의 가죽을 벗기고 각을 뜰 것이요 제사장 아론의 자손들은 단 위에 불을 두고 불 위에 나무를 벌여 놓고 아론의 자손 제사장들은 그 뜬 각과 머리와 기름을 단 윗불 위에 있는 나무에 벌여 놓을 것이며 그 내장과 정갱이를 물로 씻을 것이요 제사장은 그 전부를 단 위에 불살라 번제를 삼을지니 이는 화제라 여호와께 향기로운 냄새니라 만일 그 예물이 떼의 양이나 염소의 번제이면 흠 없는 수컷으로 드릴지니 그가 단 북편에서 여호와 앞에서 잡을 것이요 아론의 자손 제사장들은 그 피를 단 사면에 뿌릴 것이며 그는 그것의 각을 뜨고 그 머리와 그 기름을 베어 낼 것이요 제사장은 그것을 다 단 윗불 위에 있는 나무에 벌여 놓을 것이며 그 내장과 정갱이를 물로 씻을 것이요 제사장은 그 전부를 가져다가 단 위에 불살라 번제를 삼을지니 이는 화제라 여호와께 향기로운 냄새니라 만일 여호와께 드리는 예물이 새의 번제이면 산비둘기나 집비둘기 새끼로 예물을 삼을 것이요 제사장은 그것을 단으로 가져다가 그 머리를 비틀어 끊고 단 위에 불사르고 피는 단 곁에 흘릴 것이며 멱통과 그 더러운 것은 제하여 단 동편 재 버리는 곳에 던지고 또 그 날개 자리에서 그 몸을 찢되 아주 찢지 말고 제사장이 그것을 단 윗불 위의 나무 위에 살라 번제를 삼을지니 이는 화제라 여호와께 향기로운 냄새니라"(레 1:1-17)

모든 것을 하나님을 위하여
- 번 제

R. 킹스코트(R. Kingscote)

레위기서가 단지 유대인의 예식에 대한 기록이 아니라, 주 예수 그리스도 그분 자신에 관하여 기록한 것으로 깨닫고, 우리가 그 보배로움을 발견하였을 때, 이 책은 우리에게 얼마나 놀라운 책이 되었는지요! 제사 하나 하나에 담겨진 주 예수님의 인성과 사역에 대한 그림을 볼 때 그것은 얼마나 흥미진진한 것이었는지요!

이러한 그림을 통하여 우리를 깨우치시는 분은 바로 은혜로우신 하나님이십니다. 우리의 가련하고 협소한 마음으로는 주 예수님의 인성의 영광과 그분의 사역의 가치를 즉시 깨닫는다는 것은 사실 불가능합니다. 그러므로 하나님은 주 예수님의 인성 혹은 사역의 면면을 하나씩 묵상하도록 이러한 모형들을 질서를 따라 우리에게 주셨습니다. 그러므로 하나의 모형을 묵상하고 또 다른 것을 상고할 때에 서로 다른 면들을 보게 됩니다. 따라서 서로 다른 그림들을 한 곳에 모으면 우리의 마음은 경이로움과 경배의 정신으로 충만하게 될 것입니다.

번제는 첫 번째 자리를 차지하고 있습니다(레 1장). 번제가 말하는 바가 무엇이겠습니까? "그리스도의 사역입니다."라고 당신은 말할 것입니다. 그러나 그리스도의 사역의 어떤 면을 말하는 것일까요?

다음과 같은 질문을 드리고 싶습니다: "주 예수 그리스도께서 세상에 오신 첫 번째 목적이 무엇이겠습니까?" 당신은 무엇이라 답하겠습니까? 열중 아홉은, "물론 그 첫 번째 목적은 죄인을 구원하기 위해서입니다"라고 대답할 것입니다. 그러나 그것이 첫 번째 목적은 아닙니다. 그렇다면 주님이 세상에 오신 첫 번째 목적은 무엇이겠습니까? "그러므로 세상에 임하실 때에 가라사대 …. 하나님이여 보시옵소서 두루마리 책에 나를 가리켜 기록한 것과 같이 하나님의 뜻을 행하러 왔나이다"(히 10:5-7).

주 예수님께서 이 세상에 오신 첫 번째 목적은 하나님의 뜻을 성취하고 하나님을 영화롭게 해드리기 위한 것입니다. 주 예수님께서 십자가 위에서 우리를 위해 죄가 되셨을 때, 이보다 더 하나님의 뜻을 향해 완전한 순종이 드려지고 더 온전하게 표현된 때가 있었을까요? 예수님이 하나님의 뜻을 행하기 위하여, 우리를 위해 죽음까지 내려가신 때는 언제입니까? 그것은 예수님께서 친히 우리 죄를 담당하셨을 뿐만 아니라 더욱 죄가 되셨을 때, 하나님은 최고의 영광을 받으셨습니다. 그 사실을 보는 것이 매우 중요합니다.

실제로 번제는 위치상 처음에 놓여있는데, 이는 번제가 우리 죄를 지셨을 뿐만 아니라 죽기까지 하나님의 뜻을 성취하고 하나님을 영화롭게 해드리기 위해 흠 없는 자기를 하나님께 드리신 그리스도를 상징하고 있기 때문입니다.

당신이 만일 에베소서 5장 2절을 읽는다면, 그 구절에서 우리를 향한 그리스도의 사역의 두 가지 면을 보게 될 것입니다: "그리스도께서 너희를 사랑하신 것같이 너희도 사랑 가운데서 행하라" - 이것은 우리가 행할 측면이고

- "그는 우리를 위하여 자신을 버리사 향기로운 제물과 생축으로 하나님께 드리셨느니라" - 이것이 향기로운 냄새로 드리는 제사와 희생제물인 번제가 나타내는 다른 측면인 것입니다.

확신하건대 그리스도께서 희생제물되시는 면을 우리가 보지 못함으로써 우리 영혼에 많은 유익을 잃지 않나 생각하게 됩니다. 즉 그리스도의 희생이 단지 우리의 유익만을 위한 것이 아니라 하나님께 무슨 의미가 있는지를 살펴보는 것입니다. 우리가 그러한 방식으로 묵상할 때에 오히려 더 깊은 평강을 누리게 됩니다. 우리는 그렇게 함으로써 이루 헤아릴 수 없는 많은 유익을 얻게 됩니다.

주 예수님의 죽으심에 대해 깊이 묵상해 보신 적이 있습니까? 독자 여러분들이 진정 마음으로부터, "주 예수께서 나를 위해 죽으셨으며 그 마음의 사랑을 따라 나를 위해 자신을 (희생 제물로)드리셨습니다."라고 말할 수 있습니까? 이 얼마나 놀라운 사실입니까! 우리는 그 사실을 영원토록 잊지 못할 것입니다. 하지만 저는 한 가지 더 묻기를 원합니다. "여러분은 그리스도의 사역이 하나님께 무슨 의미가 있는지 깊이 묵상해보셨습니까? 흠 없는 자기를 하나님께 드리신 그 복되신 예수님에 대한 아버지의 마음이 어떠했을지 깊이 생각해보신 적이 있습니까?"

레위기 1장으로 돌아가 보면, "만일 그 예물이 떼의 양이나 염소의 번제이면 흠 없는 수컷으로 드릴지니"라는 구절을 읽게 됩니다. 흠이 있는 짐승은 (하나님께)열납될 수가 없습니다. 만일 소의 번제에 조금의 흠이나 점이 있다면 여호와께 열납될 수 없었습니다.

그것이 말하는 바가 무엇이겠습니까? 찬송받으실 주 예수님의 성품은 조금의 흠도 없이 온전히 거룩하셨으며, 이 세상을 사시면서 거룩하고 죄가 없으셨고 결국에는 흠 없는 자기를 하나님께 드리셨던 것입니다. 예수님의 온 삶은 하나님께 온전히 복종하시되, 죽기까지 복종하신 삶입니다. 빌립보서 2장을 읽어보면 예수님께서 "자기를 낮추시고 죽기까지 복종하셨으니 곧 십자가에 죽으심이라."는 말씀을 대하게 됩니다.

제가 진정 여러분에게 묻고자하는 것은 그러한 놀라운 사역과 전심으로 복종하신 일과 및 아버지의 영광을 위하여 헌신하신 것에 대한 당신의 생각이 어떠한가에 대한 것이 아니라, 십자가에 죽기까지 순종하신 그 복되신 분과 및 그의 순종에 대하여 하나님의 생각이 어떠한 것인지를 당신이 깊이 생각해보기를 바라는 것입니다. 하나님께서 예수님에 대하여, "이는 내 사랑하는 아들이요 내 기뻐하는 자라"고 증거하셨으며, 우리 주님께서 그 아버지를 향하여 순종과 사랑에 지내쳐 자신을 죽기까지 내어드린 그 일은 얼마나 놀라운 것입니까?

　　　아버지 하나님은 그 아드님을 항상 기뻐하셨습니다. 그러나 이제 예수님은 아버지께 대한 사랑과 복종으로 자신의 생명을 드리고자 하면서, 이르시되, "아버지께서 나를 사랑하시는 것은 내가 다시 목숨을 얻기 위하여 목숨을 버림이라"(요 10:17)고 하였습니다.

　　　아버지께서 그 아드님을 항상 사랑하신 것이 아니었을까요? 아버지께서는 항상 사랑하셨습니다. 그러나 주님은 말씀하시길, "아버지께서 나를 사랑하시는 것은 내가 ... 목숨을 버림이라"고 하셨습니다. 예수님의 마음에는 늘 신선한 이유와 새로운 동기가 있었는데, 이는 아버지의 사랑이 아들을 향해 흘러넘쳤기 때문입니다.

　　"불살라 번제를 삼을지니 이는 화제라 여호와께 향

기로운 냄새니라". 이러한 말씀이 당신 마음에 전해질 때, 어떠하십니까? 향기로운 냄새가 과연 우리의 기뻐하는 것이요, 우리에게 기쁨이 되는 것일까요? 그렇지 않습니다. 이것은 그 복되신 예수님과 그의 희생에 대한 하나님의 생각이 어떠한지를 성령께서 우리에게 알리시기 위한 말씀입니다.

그렇다면 번제가 우리에게 주는 분깃은 무엇입니까? 우리가 이르러야 할 곳은 어디입니까? 레위기 1장 4절에서, "그가 번제물의 머리에 안수할지니"라고 하신 말씀을 주목하십시오. 그러한 행위가 주는 의미는 바로 그 예물을 드리는 자가 그 제물과 동일시된다는 것입니다. 다른 말로 하자면, 하나님께서 그 제물을 열납하실진저, 그 예물을 가져온 자도 열납하신다는 의미입니다. 만일 하나님께서 그 예물을 향기로운 냄새로 열납하시고 그로 인해 기쁨을 취하신다면, 그 예물을 가져온 자도 동일하게 기쁘게 열납하시는 것입니다.

예물을 가져온 자는 하나님 앞에서 그 희생제물과 완전히 동일시 됩니다. 따라서 우리는 "그리하면 열납되어 그를 위하여 속죄가 될 것이라."는 말씀을 대하게 됩니다. 오, 얼마나 단순하며 복된 일인지! 그리스도의 희생은 우리를 위해 하나님께서 부여하신 가치를 따라 하나님께 열납되었습니다. 즉 그리스도는 우리를 대신하여 열납되신 것입니다.

하나님 앞에서 우리의 죄와 불순종과 그리고 헌신의 부족을 대신하여, 우리는 그리스도께서 십자가 위에서 행하신 사역의 가치를 따라 열납된 것입니다. 하나님께 감사를 드립시다. 우리가 전에는 잃어버린바 된 죄인들이었으나, 그리스도는 하나님 앞에서 우리의 자리를 대신하여 자기를 기꺼이 희생 제물로 드리셨기에, 우리는 그리스도께서 행하신 그 기반 위에서 하나님께 열납된 것입니다.

저는 이보다 더 평강을 가져다 주는 진리를 알지 못합니다. 만일 누군가, "당신이 영원히 구원받은 것을 어떻게 확신하는가?"라고 묻는다면, 저는 "하나님께서 그 사랑하는 아드님의 행한 사역에 부여하신 가치를 따라 확신합니다"라고 대답할 것입니다. 이는 우리 영혼들에게 확실하고 굳건한 기초를 다지는 것입니다. 이러한 복된 믿음과 확신이 여러분에게도 임하기를 기도합니다.

하늘로서 내려온 떡_
소제

"누구든지 소제의 예물을 여호와께 드리려거든 고운 가루로 예물을 삼아 그 위에 기름을 붓고 또 그 위에 유향을 놓아 아론의 자손 제사장들에게로 가져올 것이요 제사장은 그 고운 기름 가루 한 줌과 그 모든 유향을 취하여 기념물로 단 위에 불사를지니 이는 화제라 여호와께 향기로운 냄새니라 그 소제물의 남은 것은 아론과 그 자손에게 돌릴지니 이는 여호와의 화제 중에 지극히 거룩한 것이니라 네가 화덕에 구운 것으로 소제의 예물을 드리려거든 고운 가루에 기름을 섞어 만든 무교병이나 기름을 바른 무교전병을 드릴 것이요 번철에 부친 것으로 소제의 예물을 드리려거든 고운 가루에 누룩을 넣지 말고 기름을 섞어 조각으로 나누고 그 위에 기름을 부을지니 이는 소제니라 네가 솥에 삶은 것으로 소제를 드리려거든 고운 가루와 기름을 섞어 만들지니라 너는 이것들로 만든 소제물을 여호와께로 가져다가 제사장에게 줄 것이요 제사장은 그것을 단으로 가져다가 그 소제물 중에서 기념할 것을 취하여 단 위에 불사를지니 이는 화제라 여호와께 향기로운 냄새니라 소제물의 남은 것은 아론과 그 자손에게 돌릴지니 이는 여호와의 화제 중에 지극히 거룩한 것이니라 무릇 너희가 여호와께 드리는 소제물에는 모두 누룩을 넣지 말지니 너희가 누룩이나 꿀을 여호와께 화제로 드려 사르지 못할지니라 처음 익은 것으로는 그것을 여호와께 드릴지나 향기로운 냄새를 위하여는 단에 올리지 말지며 네 모든 소제물에 소금을 치라 네 하나님의 언약의 소금을 네 소제에 빼지 못할지니 네 모든 예물에 소금을 드릴지니라 너는 첫 이삭의 소제를 여호와께 드리거든 첫 이삭을 볶아 찧은 것으로 너의 소제를 삼되 그 위에 기름을 붓고 그 위에 유향을 더할지니 이는 소제니라 제사장은 찧은 곡식 얼마와 기름의 얼마와 모든 유향을 기념물로 불사를지니 이는 여호와께 드리는 화제니라"(레 2:1-16)

하늘로서 내려온 떡
- 소 제

조지 로저스(George Rodgers)

레위기 2장에 기술되어 있는 소제는 향기로운 냄새로 드리는 제사로서, 그와 같이 제단에 하나님의 음식으로 드려질 수 있었습니다.

소제는 원칙적으로 그리스도의 죽으심을 나타내지 않습니다. 왜냐하면 생명이 희생되거나 피가 흘려지지 않았기 때문입니다.

소제는 다양한 재료로 이루어져 있으며, 모두 땅의 소산물로 되어 있습니다. 소제는 이 세상의 모든 사람이 좇아야 할 삶의 본이 되신 곧 완벽한 사람으로서 이 세상을 사신 우리의 복된 주 예수님을 상징하고 있습니다. 그 거룩하신 삶을 통해 그리스도께서는 이 땅에서 하나님의 받으실 만한 인격과 행실을 보이셨습니다. 이 세상에 매우 특별한 미덕을 겸비한 선인(good man)이 존재하였을지라도 모든 사람은 실패하였습니다. 그뿐 아니라 그 탁월했던 믿음의 선진들조차도 그 성품과 인격에 있어서 실패한 것을 보게 됩니다. 모세는 그 온유함이 매우 승하였지만 결국 가나안 땅에 들어가는 일에 실패하고 말았습니다. 아브라함은 하나님을 믿는 믿음에 있어 강하고 뛰어났지만 거짓말을 하는 불신앙을 극복하지 못했습니다. 욥은 인내에 있어서 탁월했지만 자신의 태어난 날을 저주하는 인내치 못하는 모습을 보이고 말았습니다.

모든 사람이 실패하였기에 만인이 좇을 완전한 본으로서 삶은 없다고 성경은 기록하고 있습니다. 그러므로 하나님은 그 아들을 보내셔서 세상이 그분을 보았을 때, 하나님이 사람이 되신 것과 사람으로 인생을 어떻게 사신 것을 볼 수 있도록 하셨습니다.

구약은 그림자 곧 그리스도의 상징으로 가득차 있습니다. 우리는 소제를 통해 완벽한 사람으로 인생을 사신 우리 주님의 인격에 대한 그림을 보게 됩니다. 소제에는 상징을 내포하고 있지만 복음서에는 그 상징의 본체이며 실제이신 예수 그리스도를 드러내고 있습니다.

소제는 고운 가루, 소금, 기름과 유향으로 어우러져 있습니다. 떡은 고운 가루로 만들게 되는데 떡은 바로 생명의 양식입니다. 떡은 생명을 유지시키며, 영양을 제공해 줍니다. 그리스도는 자신을 생명의 떡으로 내줌으로써 죽은 영혼들에겐 영적 생명으로 소생케 하며, 또한 자기의 백성들에겐 그 새로운 생명의 기운을 돋구며 유지시켜 줍니다.

몸은 물리적인 음식을 필요로 하지만 영혼에는 신령한 음식이 필요합니다. 영혼은 생각 혹은 사색으로 삽니다. 헛된 생각은 헛된 사색으로 양육 받으며 결국 허무로 돌아갑니다. 이기적인 마음은 이기적인 생각으로 살며, 더욱 이기적으로 자라게 됩니다. 하나님께로서 난 자들은 그리스도에 대한 갈망을 가지고 있습니다. 거듭난 자들은 그리스도를 깊이 생각하는 것을 사랑하게 됩니다. 그리스도를 묵상함으로 얻은 새로운 생각은 향기롭고 훌륭한 음식이 되어, 그로 인해 마음은 영양을 섭취하므로 양육을 받습니다.

한 움큼의 소제는 제단에 드려져서 불로 살라지고 나머지는 제사장의 음식이 됩니다. 제사장은 하나님의 백성을 대표하여 하나님께 나아가는 것입니다. 하나님과 제사장은 동일한 소제로 음식을 삼으며, 하나님과 그의 백성은 그 동일한 음식 곧 그리스도로 만족케 됩니다. 하나님과 그리스도인의 마음은 복된 그리스도의 성품으로 인해 즐거움을 누리게 됩니다.

이것이 하나님과 함께 하는 교통(communion)으로서 아버지와 함께 하는 교제(fellowship)인 것입니다. 살아계신 하나님과 함께 하는 이러한 살아있는 교통이 무엇을 의미하는지 더 깊이 알게 되기를 바랍니다. 예수 그리스도 안에서 우리의 안식과 기쁨을 발견하고, 그의 속죄하는 죽으심으로 인해서 뿐만 아니라 그의 인성의 영광을 인하여 이 땅위에 사셨던 그 삶 속에서, 아버지를 드러내고 영화롭게 하였던 말로 형용할 수 없는 달콤함을 체험하게 되기를 바랍니다.

우리가 잠시 소제의 다른 재료에 대해 숙고한다면 소제의 더 깊은 의미를 깨달을 수 있을 것입니다. 기름이 그 위에 부어졌습니다. 이것은 하나님의 성령이 한량없이 그리스도 위에 부어진 것을 나타냅니다.

그리고 모든 소제물에 소금이 더해졌습니다. 소금은 부패를 방지해줍니다. 그리스도의 언행심사(conversation)에는 소금이 더해졌으며 그 말씀은 어느 누구도 부패케 할 수 없었습니다. 그리스도인은 그리스도를 좇아야 합니다. 그리스도인의 말은 은혜 가운데서 소금으로 고루게 함 같아야 합니다(골 4:6).

마지막으로 소제에는 유향이 더해졌습니다. 유향은

불에 탈 때, 향기로운 냄새를 발하는 향료입니다. 모든 유향은 제단 위에 태우도록 드려졌습니다. 유향은 모두 하나님을 위한 것입니다. 유향에는 사람으로는 이해하거나 통찰할 수 없지만 하나님은 이해하시며 그 가치를 아시는 예수님의 영과 삶이 충만하게 담겨 있습니다. 예수님의 마음의 모든 생각과 그의 삶에 있어서 말과 행실과 및 내적 동기로부터 솟아나오는 그 삶의 모든 행위들을 모두 아버지께서 보시고 이해하시며 칭찬하셨습니다. 예수님의 외적인 삶에 있어서 뿐만 아니라 그의 내적 삶에 있어서도 모든 것이 하나님께 향기로운 냄새였던 것입니다.

소제에서 제외된 재료에는 꿀과 누룩이 있습니다. 누룩은 부패케 하는 요소이기 때문에 마음에 부패한 생각을 한 번도 가져보지 않은 완벽한 사람의 상징인 소제에서 제외되었습니다.

꿀도 소제에서 제외되었습니다. 꿀은 달콤하지만 불에 견딜 수 없습니다. 불은 꿀을 끓여서는 태워버리고 마침내 고약한 냄새를 내게 합니다. 불은 유향을 태워 향기를 내게 하지만, 반면 꿀은 태워서 흉하게 합니다.

우리의 좋은 본성은 꿀과 같습니다. 우리는 기분이 좋을 때에는 매우 선하고 상냥하게 되지만 불로 시험을 받을 때면 우리의 꿀은 매우 독한 냄새로 변합니다. 그러한 우리의 모습은 예수 그리스도와는 사뭇 다릅니다. 불로 예수님을 시험하였지만 오히려 그 시험은 예수님이 아무런 흠도 없이 하나님께 향기로운 냄새로 드려질 수밖에 없음을 증거했습니다. 따라서 우리는 소제를 통해 순결하고 거룩하셨기에 하나님과 사람이 모두 그 안에서 만족을 얻을 수 있는 이 세상의 삶을 사신 예수님을 보게 됩니다. 우리 또한 예수님의 성품과 인격을 본받는데까지 나아가기를 바랍니다.

하나님과 함께하는 식탁 _
화목제

"사람이 만일 화목제의 희생을 예물로 드리되 소로 드리려거든 수컷이나 암컷이나 흠 없는 것으로 여호와 앞에 드릴지니 그 예물의 머리에 안수하고 회막문에서 잡을 것이요 아론의 자손 제사장들은 그 피를 제단 사면에 뿌릴 것이며 그는 또 그 화목제의 희생 중에서 여호와께 화제를 드릴지니 곧 내장에 덮인 기름과 내장에 붙은 모든 기름과 두 콩팥과 그 위의 기름 곧 허리 근방에 있는 것과 간에 덮인 꺼풀을 콩팥과 함께 취할 것이요 아론의 자손은 그것을 단 윗불 위에 있는 나무 위 번제물 위에 사를지니 이는 화제라 여호와께 향기로운 냄새니라 만일 여호와께 예물로 드리는 화목제의 희생이 양이면 수컷이나 암컷이나 흠 없는 것으로 드릴지며 만일 예물로 드리는 것이 어린 양이면 그것을 여호와 앞으로 끌어다가 그 예물의 머리에 안수하고 회막 앞에서 잡을 것이요 아론의 자손은 그 피를 단 사면에 뿌릴 것이며 그는 그 화목제의 희생 중에서 여호와께 화제를 드릴지니 그 기름 곧 미려골에서 벤 바 기름진 꼬리와 내장에 덮인 기름과 내장에 붙은 모든 기름과 두 콩팥과 그 위의 기름 곧 허리 근방에 있는 것과 간에 덮인 꺼풀을 콩팥과 함께 취할 것이요 제사장은 그것을 단 위에 불사를지니 이는 화제로 여호와께 드리는 식물이니라 만일 예물이 염소면 그것을 여호와 앞으로 끌어다가 그 머리에 안수하고 회막 앞에서 잡을 것이요 아론의 자손은 그 피를 단 사면에 뿌릴 것이며 그는 그 중에서 예물을 취하여 여호와께 화제를 드릴지니 곧 내장에 덮인 기름과 내장에 붙은 모든 기름과 두 콩팥과 그 위의 기름 곧 허리 근방에 있는 것과 간에 덮인 꺼풀을 콩팥과 함께 취할 것이요 제사장은 그것을 단 위에 불사를지니 이는 화제로 드리는 식물이요 향기로운 냄새라 모든 기름은 여호와의 것이니라 너희는 기름과 피를 먹지 말라 이는 너희 모든 처소에서 대대로 영원한 규례니라"(레 3:1-17)

하나님과 함께 하는 식탁
- 화 목 제

존 리치(John Ritchie)

화목제의 독특한 특징(레 3장)은 여호와, 제사장 그리고 예물을 드리는 자 모두 그 몫이 따로 있다는 것입니다. 이러한 점이 번제와는 사뭇 다른 것입니다. 여호와 하나님은 자신의 몫을 받습니다. 화목제는 전체로 제단 위에서 사르게 됩니다. 이점에 있어 여호와 하나님은 만족히 여기시며, 자신의 분깃을 취하시고, 그리고 이제 자신의 백성들에게 나눠 주십니다.

화목제는 매우 친밀한 교통 혹은 교제를 상징하는 예물입니다. 하나님과 함께 서로 나누는 교통에 대한 예표로 주신 것입니다. 함께 상에 앉아 먹고, 서로 분깃을 나누는 것은 교통에 대한 매우 선명한 그림입니다. 이것은 아버지와 그 아들 예수 그리스도와 함께 하는 교제로 우리를 부르신 것에 대한 참되고 감탄할 만한 특권을 나타내고 있습니다.

이보다 더 아버지의 마음으로부터 흘러나오는 사랑을 만족케 하는 것은 없습니다. 하나님께서도 이보다 더 큰 사랑은 주실 수 없을 것입니다. 이처럼 풍성한 사랑을 따라 우리는 하나님의 마음에 열납되었으며, 그분의 상에 함께 앉게 되었으니 이는 완전한 의와 완전한 화목이 이루어졌음을 나타내는 것입니다.

우리의 심령이 이러한 화목과 교제의 기초를 분명히 깨달아 알고 이러한 기쁨을 누리기 위해서 무엇이 희생되었는지를 아는 것은 매우 중요합니다. "하나님과 화목하는" 것은 변하는 것이 아니며 어쩌다 체험하는 것도 아닐뿐더러 몇몇 사람만이 얻을 수 있는 영적 성취나 내적 성결의 체험이 아닙니다. 이는 변할 수 없는 실제로서, 그리스도의 완성된 사역의 결과에 따른 것입니다.

예수님께서 우리를 위해 자신의 몸을 하나님께 드리셨을 때, 우리를 거스리던 율법과 공의가 만족되었으며, 우리의 부족하던 미덕들이 온전하게 되었습니다. 우리는 이러한 사실을 화목제를 통해 볼 수 있습니다. 이는 우리를 위해 자신을 하나님께 드리신 주 예수님의 내적 완전함 때문에 가능한 일이었습니다.

기름은 모두 제단 위에서 불살라졌습니다. 기름은 여호와의 분깃이었습니다. 소제 가운데 "유향"이 주님을 위한 것처럼 화목제의 "기름"도 여호와의 것입니다. 그곳에는 이 땅에서 어느 누구도 측량할 수 없으며, 감히 평가할 수 없는 주 예수님의 숨겨진 내적 탁월함이 감추어져 있습니다. 그 모두가 절대적으로 여호와의 분깃이었습니다.

기름은 에너지로서 희생제물의 근원적인 부분입니다. 주님의 거룩한 영혼 안에 내재한 헌신의 정도와 사랑의 에너지를 아버지 외에 아무라도 헤아릴 수 없을 것인데, 이는 "아버지 외에는 아들을 아는 자가 없기"(마 11:27) 때문입니다. 아버지께서 그 아들의 탁월하심을 완전히 측량하시며 평가하실 수 있다는 것과 그토록 큰 값이 치뤄진 가운데 우리가 하나님 앞에서 열납되었다는 사실을 아는 것은 얼마나 복된 일입니까!

내장도 함께 드려지게 됩니다. 그 단어는 때때로 "콩팥(reins)"으로 번역되기도 합니다. 내장은 내적인 동기가 자리하는 곳을 상징하고 있습니다. 콩팥은 정결한 신체기관으로써 유대인들은 내적 동기가 자리하는 곳으로 생각합니다. 오직 주 예수님만이 다음과 같이 말씀하시는 분의 감찰하시는 목전에서 자신의 내적인 부분을 살피시도록 맡기실 수 있었습니다. "나 여호와는 심장을 살피고 폐부를 시험하고"(렘 17:10). 오직 주님만이 다음과 같이 말씀하실 수 있었습니다. "여호와여 나를 살피시고 시험하사 내 뜻(reins)과 내 마음을 단련하소서"(시 26:2). 주 예수님께서 시험받으시고 십자가의 깊은(deep) 고난을 통해 입증되셨을 때, 외적인 것 뿐만 아니라 내적인 것도 시험을 완전히 통과하신 것입니다.

솔직히 우리는 그렇지 못한 것을 보게 됩니다. 우리

의 내적인 부분은 우리가 거듭나고 신의 성품에 참여하였더라도 하나님의 제단에 바치기에 적합하지 못합니다. 우리 중에 누가 우리의 내적인 중심에 육신적인 것(mind)이 없다고 말할 수 있겠습니까? 우리 안에 있는 이 악의 원리가 죄의 권세 아래 열매를 맺지 않더라도, 그 자체만으로도 우리가 소유한 평안과 하나님과의 교통을 어지럽히고 방해하게 됩니다. 우리의 내적인 곳에 이러한 악이 존재하는 사실로 인해 하나님의 속성과 성품을 아는 심령에게는 견딜 수 없는 짐이 될뿐더러, 이 일로 인해 결코 화목제의 아름다운 미덕을 선전하지도 못할 것입니다.

그러나 찬송받으실 하나님께서 그의 부요하신 은혜 가운데 우리의 무가치하고 죄 많은 자아의 더러움을 제하시고 그분의 목전에서 장사지낸바 된 사실을 우리에게 알리시기를 기뻐하셨습니다. 우리 안에 거하는 죄는 그리스도의 희생제사의 효력에 의해 가리워지고, 따라서 우리 자신의 어떠함을 보고 생생하게 느낄지라도, 우리는 화평한 중에 하나님과 교통할 수 있게 되었습니다. 우리는 빛 가운데서 하나님과 동행하게 되었는데, 우리가 결코 죄지은 일이 없거나 우리 안에 죄가 없기 때문이 아니라 "그 아들 예수 그리스도의 피가 우리를 모든 죄에서 깨끗하게 하시기" 때문인 것입니다.

우리의 발은 구속의 터 위에 서있습니다. 우리의 평강은 예수 그리스도의 십자가의 피로 말미암아 영원토록 보증되었습니다. 예수 그리스도의 순종에 의한 효력은 하나님 앞에서 영원토록 유효한 것입니다. 하나님은 그리스도 안에서 만족해 하셨습니다. 이와 같이 하나님은 우리도 만족히 여기십니다. 이것이 교통인 것입니다.

교통이란 평강에 기초하여 우리 마음이 성결해 지는 것 혹은 영적인 성취, 우리 안에서 행하시는 성령님의 역사와 같은 것이 아닙니다. 이 모든 것들은 그 자체만으로도 요동하는 것이며 불완전한 것입니다. 우리 평강의 기초는 바로 우리를 위해 이루시고 완성하신 그리스도의 사역입니다.

화목제물이신 그리스도는 여호와 앞에서 죽임을 당했습니다. 그 피가 제단에 뿌려지고 기름과 내장이 향기로운 냄새로 살라졌습니다. 생명과 그 내적 아름다움은 여호와의 분깃이었습니다. 여호와께서는 자신의 분깃을 먼저 취하시고, 그 후에 예물을 드리는 자와 제사장에게 그들의 분깃을 나눠주셨습니다. 하나님은 만족하셨고, 상은 사람을 위해 베풀어졌으며 그리고 이미 제단에 드려진 희생제물로 상이 진설되었습니다. 이는 하나님께서 잔치를 베푸시고 그 주인이 되신 것입니다.

제단은 하나님을 향하여 제물을 드리는 장소입니

다. 상은 하나님께서 자신의 백성들을 섬기시고자 마련하신 곳입니다. "우리에게 제단에 있는데 그 위에 있는 제물은 장막에서 섬기는 자들이 이 제단에서 먹을 권이 없나니"(히 13:10). 이 말씀은 십자가와 관련하여 주님의 만찬과 관계가 있습니다. 십자가가 없었다면 상도 베풀어지지 않았을 것입니다. 만찬은 십자가에서 성취된 것을 기념하고, 이로써 그 안에서 신자의 교제를 표현하는 것입니다.

상에서 우리는 화평 가운데 하나님과 그 사랑하시는 아들과 함께 하는 교제를 나누며, 우리 신자들도 서로 서로 교제를 나눕니다. 이 어떠한 광경입니까! 각인의 눈이 그리스도께 고정되고 각인의 마음이 만족함을 누리게 됩니다.

오직 아버지께서만이 그 사랑하시는 아드님의 내적인 소중함과 헌신됨을 옳게 측량하실 수 있으나, 제사장으로서 우리는 "흔든 가슴"과 "든 뒷다리" - 그리스도의 사랑과 힘을 상징하는(레 7:31-34) - 를 먹으며 기쁨을 누리게 됩니다. 피곤하고 지친 자를 위해 그분의 가슴은 얼마나 부드러운 베개와 같은지요! 연약하고 주린 영혼에게 그의 뒷다리는 얼마나 강하게 하겠는지요!

우리가 그의 영광스러운 보좌 앞에 서게 될 때, 죄의 흔적과 타락한 인성의 자취는 사라지고 잊어버린 바 될 것입니다. 그 때에(그때까지 우리는 부분적인 지식을 가질 수밖에 없습니다) 우리는 완전한 희생제물 곧 위대한 화목제의 소중함과 가치에 대해 충분한 지식을 갖게 될 것입니다. 하지만 이제라도 우리 영혼은 하나님이 그 아드님과 함께 쉬시고 즐거워하시는 그곳을 바라보며 함께 안식할 수 있습니다. 성령님의 도우심으로 하나님과 함께 하는 평안과 안식 속으로 들어가시길 빕니다.

진 밖으로_
속죄제

"여호와께서 모세에게 일러 가라사대 이스라엘 자손에게 고하여 이르라 누구든지 여호와의 금령 중 하나라도 그릇 범하였으되 만일 기름 부음을 받은 제사장이 범죄하여 백성으로 죄얼을 입게 하였으면 그 범한 죄를 인하여 흠 없는 수송아지로 속죄제물을 삼아 여호와께 드릴지니 곧 그 수송아지를 회막문 여호와 앞으로 끌어다가 그 수송아지 머리에 안수하고 그것을 여호와 앞에서 잡을 것이요 기름 부음을 받은 제사장은 그 수송아지의 피를 가지고 회막에 들어가서 그 제사장이 손가락에 그 피를 찍어 여호와 앞 곧 성소 장 앞에 일곱 번 뿌릴 것이며 제사장은 또 그 피를 여호와 앞 곧 회막 안 향단 뿔에 바르고 그 송아지의 피 전부를 회막문 앞 번제단 밑에 쏟을 것이며 또 그 속죄제물 된 수송아지의 모든 기름을 취할지니 곧 내장에 덮인 기름과 내장에 붙은 모든 기름과 두 콩팥과 그 위의 기름 곧 허리 근방에 있는 것과 간에 덮인 꺼풀을 콩팥과 함께 취하되 화목제 희생의 소에서 취함같이 할 것이요 제사장은 그것을 번제단 위에 불사를 것이며 그 수송아지의 가죽과 그 모든 고기와 그 머리와 다리와 내장과 똥 곧 그 송아지의 전체를 진 바깥 재 버리는 곳인 정결한 곳으로 가져다가 불로 나무 위에 사르되 곧 재 버리는 곳에서 사를지니라 만일 이스라엘 온 회중이 여호와의 금령 중 하나라도 그릇 범하여 허물이 있으나 스스로 깨닫지 못하다가 그 범한 죄를 깨달으면 회중은 수송아지를 속죄제로 드릴지니 그것을 회막 앞으로 끌어다가 회중의 장로들이 여호와 앞에서 그 수송아지 머리에 안수하고 그것을 여호와 앞에서 잡을 것이요 기름 부음을 받은 제사장은 그 수송아지의 피를 가지고 회막에 들어가서 그 제사장이 손가락으로 그 피를 찍어 여호와 앞, 장 앞에 일곱 번 뿌릴 것이며 또 그 피로 회막 안 여호와 앞에 있는 단 뿔에 바르고 그 피 전부는 회막문 앞 번제단 밑에 쏟을 것이며 그 기름은 다 취하여 단 위에 불사르되 그 송아지를 속죄제의 수송아지에게 한 것같이 할지며 제사장이 그것으로 회중을 위하여 속죄한즉 그들이 사함을 얻으리라 그는 그 수송아지를 진 밖으로 가져다가 첫번 수송아지를 사름같이 사를지니 이는 회중의 속죄제니라"(레 4:1-21)

진 밖으로
- 속죄제

J. R. 칼드웰(J. R. Caldwell)

번제가 우리에게 교훈하는 바는 "하나님께 향기로운 냄새"로 드려진 그리스도의 사역에 대한 것으로, 즉 죽기까지 순종하신 그리스도의 완전한 순종에 대한 것이었습니다. 하지만 이제 우리가 살펴볼 레위기 4장 1절에서 5장 13절까지 나타난 속죄제는 이와는 전혀 다릅니다. 속죄제는 제단에 향기로운 냄새로 드려지는 대신에 희생제물의 몸이 진 밖으로 옮겨지고 그곳에서 심판의 불에 의해 살라지게 됩니다. "진 밖"은 더러운 곳이고 정죄받은 장소이며 불쌍히 여김을 받지 못한 자들의 심판이 선고되고 실행되는 곳입니다. 그러므로 이것은 속죄제로 예표된 그리스도의 사역의 일면을 나타내고 있습니다. 그리스도는 우리가 범한 죄들을 지심으로 버린바 되었으며, 우리를 위해 죄 자체가 되셨습니다.

"나의 하나님 나의 하나님 어찌하여 나를 버리셨나이까?" 이러한 외침과 절규가 십자가에 달리신 주 예수님의 입에서 터져 나왔는데, 이는 주께서 죄에 대한 심판을 감당하시는 동안 그분의 심정을 토로하신 것입니다. 우리 주 예수님은 결코 어느 때에라도 버림받으신 적이 없었습니다. 그분의 전생애 가운데, 그 모친 마리아의 가슴에 안기운 때로부터 십자가에 달리신 때까지 한시라도 하나님과의 교제가 단절된 적이 없었습니다. 그러나 그리스도께서 실제로 죄인의 자리에 섰을 때, 주님은 실제로 우리를 위한 죄가 되셨으며, 죄인의 대속주로서 우리의 죄들이 그분께 넘겨졌고, 따라서 하나님은 예수님을 버리셨던 것입니다. 하나님께서는 그 얼굴을 예수님께로부터 돌리시고, 완전한 흑암 가운데 홀로 두셨으며, 그리고 우리의 죄를 홀로 담당하게 하셨습니다.

속죄제는 죄의 인격화된 면을 다루고 있습니다. 속죄제는 죄로서 다루어지고, 죄로서 저주받고, 죄로서 심판받고, 죄로서 진 밖으로 옮겨지고 그리고 심판의 불에 의해 죄로서 살라지게 됩니다. 속죄제로 드리기 위해 바쳐진 죽임을 당한 각각의 어린양은 하나님의 마음과 목전에서는 지속적으로 하나의 제물로 취급되고 있습니다. 즉 하나님은 아담과 아벨과 및 당신과 나를 포함한 모든 신자의 죄들을 창세로부터 지금까지 하나의 제물에 의해 속죄하시길 기뻐하셨습니다.

속죄제로 드려지는 그 수송아지의 전체가 진 밖으로 옮겨지고 그곳에서 불살라지며, 기름과 콩팥은 번제단 위에서 불살라지게 되는데, 그곳에서 번제와 화목제의 기름과 함께 여호와께 향기되어 올라가게 됩니다. 확실히 이것이 말하는 바는 우리를 위해 죄가 대신 그리스도께서 십자가의 심판 때에 버린 바 되었고 저주받으신 바 되셨지만, 그와 같은 때에라도 그리스도는 여전히 완전하신 분이시며, 항상 아버지의 기쁨이 되시고, 그리고 아버지 하나님의 무한히 기뻐하시는 분이시라는 것입니다.

우리는 제물을 가져오는 사람이 "그 수송아지 머리에 안수"하는 것을 보게 됩니다. 당신이 만일 이 장을 계속해서 읽어 내려가다 보면, 여러 곳에서 "안수하고"라는 표현을 발견하게 되는데, "안수"라는 단어는 레위기 4장에서 핵심 단어로서 가장 중요하며, 또한 안수는 매우 의미심장한 행위인 것을 보게 됩니다. 저는 안수하는 행위가 동일시를 외적으로 나타내는 것으로 믿고 있습니다. 그러한 행위를 통해 안수하는 사람과 제물이 동일시되는 것을 상징하는 것입니다. 사실 안수는 그 이상의 의미를 내포하고 있습니다. 즉 "내가 범한 죄를 그 제물의 머리에 전가한다. 제물은 나를 대표하게 되고, 나의 대속물로서 나의 자리를 대신하게 된다. 내가 범한 죄를 인해 죽어야할 나를 대신하여 죽임을 당할 것이고, 내가 치뤄야 할 심판의 불에 의해 살라지게 될 것이다".

당신과 내가 우리의 무거운 죄 짐을 어찌할 수 있겠습니까? 우리는 단지 우리 자신을 그리스도께 의탁할 뿐입니다. 요컨대 믿음으로 그 복된 머리에 안수하는 것입니다. 우리를 죽임을 당하신 분과 동일시하는 것이 바로 믿음입니다. 하나님은 나의 모든 죄(sins)를 아십니다. 하나님께서 그 모든 죄들을 예수님께 담당시키시고, 그리스도를 공의의 칼로 치셨던 것입니다. 따라서 그리스도께서 죽으셨을 때, 나를 위한 속죄제물과 및 믿음으로 그분을 영접하고 그분께 자신을 의탁한 모든 자들의 대속물로써 저희를 위해 죽으신 것입니다.

안수한 후의 다음 단계는, "그 수송아지를 여호와 앞에서" 잡는 것입니다. 범죄한 자는 감히 그 속죄물을 대리인에 의해 잡으려 하지 않았습니다. 그는 반드시 자신의 손으로 속죄제물을 잡아야 했습니다. 자신의 죄로 인해 수송아지를 데려온 자가 제사장이건 새끼 염소를 가져온 자가 이스라엘의 평민이건, 각자가 친히 그 제물을 잡아야 했던 것입니다.

자신의 손에 칼을 들어 짐승의 목에 그 칼을 깊숙이 찔러 넣음으로써, 그 짐승의 피가 솟아오르는 것을 자신의 눈으로 친히 보는 것보다 죄가 무엇인지를 그 마음과 양심에 강력하게 호소할 수 있는 실물 교훈의 방법이 있겠습니까? 친히 그 짐승의 괴로워하는 모습을 보고, 죽음의 고통 가운데 울부짖는 소리를 들으면서, "이것은 모두 나를 대신 하는 것이다."라고 고백하게 됩니다.

저는 다음과 같이 한가지 묻고자 합니다. 즉 "당신은 이러한 갈보리를 경험해 본 적이 있습니까? 이것은 당신이 갈보리 십자가를 생각할 때마다, 예수께서 당신의 죄를 위해 고난받으시고 당신을 위해 저주받은바 되시고, 당신을 대신하여 하나님의 진노를 담당하셨다는 사실로 인해 감동을 받고 있습니까?" 하는 것입니다. 하나님은 이러한 모형을 통해 우리 각자가 그리스도의 죽음을 바라보면서 그리스도께서 우리 각자의 죄로 인해, 우리 손으로 범한 죄들로 인해 고난받으시고, 그리고 우리 자신에 의해 죽임을 당하신 사실을 가르치십니다.

이러한 사실이 깨달아지면 아주 조그만 죄는 "아무런 해를 끼치는 않는다."라는 변명은 머리를 들지 못할 것입니다. 그리스도께서 그러한 죄로 인해 죽으신 것을 기억하시기 바랍니다.

이것은 주님의 만찬에 있어 매우 엄숙한 점이라고 생각합니다. 우리가 상에 둘러 앉으면, 주님은 떡과 잔의 상징을 우리 앞에 진설하십니다. 떡과 잔이 돌아가면 각자는 그 떡을 친히 자기의 손으로 떼어 먹습니다. 떡은 우리를 위해 단번에 떼어져서 한 제사장에 의해 순차적으로 우리에게 온 것이 아닙니다. 그것은 하나님의 질서를 완전히 뒤바꾸는 것입니다. 그 떡은 바로 "우리가 떼는 떡"입니다. 각자가 자신의 손으로 떡을 떼는 것은 각자 개인적으로, 그리고 자신을 위하여 홀로 떡에 참여하는 것입니다.

만일 5명의 이스라엘 사람이 속죄제를 드리고자 동

시에 성막 문에 이르렀을지라도, 각자 자신의 속죄 제물을 가지고 와서, 각자 자신의 죄를 고백하고 그리고 각자 자신의 손으로 속죄 제물을 잡아야 했습니다. 내가 믿기로 이것은 "떡을 떼는 것"과 조금도 다를 바가 없습니다. 이것은 각자가 떼어진 떡과 흘려진 피에 참여하고 있음을 자기의 심령에 깨달아야만 함을 나타내고 있습니다.

따라서 여호와의 제단에서 속죄 제물로써 드려진 모든 생명과 흘려진 피는 갈보리 십자가에서 죽기까지 쏟으신 하나님의 거룩하신 아드님의 영혼을 그림자로 나타내는 것으로, 오직 예수 그리스도만이 홀로 죄를 깨끗하게 씻을 수 있는 속죄제물이 되십니다. 우리의 영원한 속죄제물이 되어 주신 주님께 찬양과 경배를 올립니다. 아멘.

해를 입힌 것을 보상하다 _
속건제

"여호와께서 모세에게 일러 가라사대 누구든지 여호와께 신실치 못하여 범죄하되 곧 남의 물건을 맡거나 전당 잡거나 강도질하거나 늑봉하고도 사실을 부인하거나 남의 잃은 물건을 얻고도 사실을 부인하여 거짓 맹세하는 등 사람이 이 모든 일 중에 하나라도 행하여 범죄하면 이는 죄를 범하였고 죄가 있는 자니 그 빼앗은 것이나 늑봉한 것이나 맡은 것이나 얻은 유실물이나 무릇 그 거짓 맹세한 물건을 돌려 보내되 곧 그 본물에 오분 일을 더하여 돌려 보낼 것이니 그 죄가 드러나는 날에 그 임자에게 줄 것이요 그는 또 그 속건제를 여호와께 가져올지니 곧 너의 지정한 가치대로 떼 중 흠 없는 숫양을 속건제물을 위하여 제사장에게로 끌어올 것이요 제사장은 여호와 앞에서 그를 위하여 속죄한즉 그는 무슨 허물이든지 사함을 얻으리라"(레 6:1-7)

해를 입힌 것을 보상하다
- 속 건 제

C. H. 매킨토시(C. H. Mackintosh)

레위기 5장 14절에서 6장 7절까지는 속건제에 대한 교훈을 담고 있는데, 하나님께 범과한 허물과 사람에게 범과한 허물에 대한 두 종류의 속건제를 설명하고 있습니다. "누구든지 여호와의 성물에 대하여 그릇 범과하였거든 여호와께 속건제를 드리되 너희 지정한 가치를 따라 성소의 세겔로 몇 세겔 은에 상당한 흠 없는 수양을 떼 중에서 끌어다가 속건제로 드려서"(레 5:15).

여기서 우리는 주님께 속한 성물에 대하여 그릇 범과한 경우와 해서는 안될 금령을 "무지 중에" 범한 허물의 경우를 보게 됩니다. 하나님은 어떠한 형태의 범과도 사하실 수 있는 분이시지만, 또한 하나님은 일점 일획의 범과에 대해 그냥 지나치실 수 없는 분이십니다. 하나님은 완전히 거룩하시기 때문에 여하한 범과도 그냥 지나치실 수 없으십니다. 그러나 하나님의 은혜도 완전하시기 때문에 모든 것을 다 용서하실 수 있습니다. 하나님은 죄를 성결케 하실 수 없으시지만, 그것을 제하실 수는 있으십니다. 누구든지 "여호와의 성물"에 대해 그릇 범과한 허물이 하나님의 정하신 속건제에 의해 완전히 사해질 수 있음을 알지 못한다면 참된 평안과 마음의 자유를 누리는 것은 불가능합니다. 그러한 마음을 지닌 영혼에게는 여러 가지 연약함과 결점으로 인해 솟구치는 마음의 고통이 항상 있을 것입니다.

우리가 드리는 최고의 예배와 최고의 봉사도 때로는 "여호와의 성물"에 대하여 그릇 범과한 것으로 드러날 수 있습니다. 우리의 공적 예배나 개인적 헌신이 열매도 없이 불화로 마치게 되는 경우가 얼마나 많습니까! 우리가 범한 모든 범과가 그리스도의 보배로운 피로서 완전히 사함을 받았다는 것을 확신할 필요가 있습니다.

우리는 양심의 정죄의 문제나 하나님처럼 거룩하지 못한 것과 및 우리의 모든 죄와 범과에 대한 완전한 해결을 그리스도 안에서 발견하게 됩니다. 그 결과로 신자는 양심의 정죄없이 해방을 받은 정결한 마음으로, 부정과 죄를 대면할 정도로 순수한 거룩의 충만한 빛 가운데 설 수 있게 되었습니다. "성물에 대한 범과를 갚되 그것에 오분 일을 더하여 제사장에게 줄 것이요 제사장은 그 속건제의 수양으로 그를 위하여 속한즉 그가 사함을 얻으리라"(레 5:16).

"오분 일을 더하라"는 규례의 말씀에서 우리는 걱정과 염려를 하게 됩니다. 그러나 우리는 여전히 감사를 드리게 되는 속건제의 특징을 대하고 있습니다. 우리가 주님께 그릇 행한 모든 범과와 그릇 행한 일들을 생각해보고, 그리고 더 나아가 하나님께서 이 악한 세상에서 그분의 권리에 손상을 입으신 사실을 기억해보면, 흥미롭게도 십자가의 사역은 하나님께서 단순히 잃으신 것을 되돌려 받는 데서 그친 것이 아니라, 그것을 통해 하나님께서 실제적인 이득자가 되신 것으로 우리는 생각해 볼 수 있습니다.

하나님은 사람의 타락으로 인해 잃으셨던 것보다 예수 그리스도의 구속으로 인해 더 많은 것을 얻으셨습니다. 하나님은 처음 창조로 인해 거두실 수 있으셨던 것보다 예수 그리스도의 구속(救贖)이라는 밭에서 영광과 존귀와 찬송의 더 풍성한 추수를 거두셨습니다. "하나님의 아들들(천사들)"은 창조주의 창조사역을 보며 찬송했던 것보다 예수님의 빈 무덤 주위에서 더 고양된 찬미의 노래를 부를수 있었습니다. 그릇 행한 범과는 완전하게 속함을 받아야 할 뿐만 아니라, 그에 따른 영원한 배상금도 십자가의 사역에 의해 반환되어야 합니다.

이것은 실로 굉장한 진리입니다. 하나님은 갈보리 사역에 의해 배상받을 권리자입니다. 누가 이것을 상상할 수 있었겠습니까? 우리가 자신이 주인이었던 첫 창조를 원수의 발 앞에 허무하게 포기해야만 했던 첫 사람을 볼 때, 그 엄청난 손해를 입힌 중에서, 하나님께서는 아직 타락하기 전의 세상에서 얻을 수 있었던 것 이상의 풍성하고 고귀한 이식(spoil)을 취하실 수 있었다는 것을 어찌 상상이나 할 수 있었습니까?

이 모든 것으로 인해 예수님의 이름이 찬송을 받으시길 바랍니다! 이것은 모두 우리가 주님께 빚진 것입니다. 이 일은 참으로 놀라운 진리이며, 하나님의 방법인 그리스도의 귀한 십자가에 의해 선언될 수 있었습니다.

그러므로 십자가 곧 십자가에 못박히신 그리스도의 주위에 족장과 선지자와 사도와 순교자와 성도들의 애정이 항상 두르고 있는 것을 기이히 여기지 말아야 합니다. 성령께서 엄숙하고도 정당한 명령으로, "만일 누구든지 주를 사랑하지 아니하거든 저주를 받을지어다"(고전 16:22)라고 하신 것을 이상히 여길 필요가 없습니다. "모든 무릎을 예수의 이름에 꿇게" 하시는 것은 하나님의 마음에 확정되고 변개될 수 없는 것으로 인해서도 놀랄 필요가 없습니다.

사람에 대하여 허물을 범한 경우에도 "오분 일"을 더하라는 속건제의 규례가 적용됩니다(레 6:2-5). 하나님과 같이 사람도 십자가에 의해서 실제적인(positive) 보상을 받을 권리자입니다. 죄가 더한 곳에 은혜가 더욱 넘쳤습니다. 신자는 십자가를 바라보면서 다음과 같이 말할 수 있습니다. '문제는 내가 잘못을 범했고, 내가 범과했고, 내가 남을 속였던가 하는 것이 아니라 무엇이 내게 악한 영향을 미치는가이다'. 나는 십자가에 의해서 권리자가 되었습니다. 십자가는 내가 전에 잃었던 것을 단지 돌려받는 것 그 이상의 의미가 있는 것입니다.

우리 인간 관계에서 생길 수 있는 모든 손해배상의 문제가 경시되어서는 안됩니다. 그 문제들도 우리 마음에 중요한 것으로 자리 잡고 있어야 합니다. 이것은 속건제를 통해 하나님께서 우리에게 분명하게 가르치고자 하시는 교훈입니다. 이스라엘의 회중이 하나라도 그릇 행하여 범죄하여 이웃과의 관계에 금이 가게되면, 그 사람이 취할 순서는 다음과 같습니다. 곧 손해를 배상하고 속건 제물을 드리는 것입니다.

내가 만일 동료에게 그릇 행하게 되면, 그 잘못을 인해 의심의 여지없이 하나님과의 교통이 방해를 받게 됩니다. 따라서 손해배상이 먼저 이루어져야 합니다. 마태복음 5장 23-24절에서는 "예물을 제단에 드리다가 거기서 네 형제에게 원망들을 만한 일이 있는 줄 생각나거든 예물을 제단 앞에 두고 먼저 가서 형제와 화목하고 그 후에 와서 예물을 드리라."고 기록되어 있습니다. 그리스도의 보배로운 피가 하나님과 관련한 것이든 또는 사람과 관련한 것이든, 부지 중에 범한 것이든 그렇지 않은 것이든, 모든 문제를 해결할 수 있음을 아는 것은 얼마나 복된 일입니까! 여기에 신자의 진정한 평화의 기초가 있습니다. 십자가는 모든 문제를 해결하는 하나님의 방법인 것입니다.

우리는 무진장한 보화가 묻혀있는 광산에 와서 이제 겨우 광맥을 발견했을 뿐입니다. 주 예수님의 이름이 더욱 우리 마음에 존귀히 되기를 빕니다! 그러면 우리는 그분에 대해 말하는 모든 것과 그분의 행하신 모든 것의 진정한 가치를 깨닫게 되며, 그분의 홀로 탁월하심과 이 세상에서 비교할 수 없는 아름다움에 대한 새로운 통찰력을 얻게 될 것입니다.

주 예수님께서 행하신 이 모든 일이 우리의 영원한 찬송이 되게 하소서!

마지막 말씀_
새를 산 채로 드리는 제사

"여호와께서 모세에게 일러 가라사대 문둥 환자의 정결케 되는 날의 규례는 이러하니 곧 그 사람을 제사장에게로 데려갈 것이요 제사장은 진에서 나가서 진찰할지니 그 환자에게 있던 문둥병 환처가 나았으면 제사장은 그를 위하여 명하여 정한 산 새 두마리와 백향목과 홍색실과 우슬초를 가져오게 하고 제사장은 또 명하여 그 새 하나는 흐르는 물 위 질그릇 안에서 잡게 하고 다른 새는 산대로 취하여 백향목과 홍색실과 우슬초와 함께 가져다가 흐르는 물 위에서 잡은 새 피를 찍어 문둥병에서 정결함을 받을 자에게 일곱 번 뿌려 정하다 하고 그 산 새는 들에 놓을지며 정결함을 받는 자는 그 옷을 빨고 모든 털을 밀고 물로 몸을 씻을 것이라 그리하면 정하리니 그 후에 진에 들어올 것이나 자기 장막 밖에 칠 일을 거할 것이요 칠 일 만에 그 모든 털을 밀되 머리털과 수염과 눈썹을 다 밀고 그 옷을 빨고 몸을 물로 씻을 것이라 그리하면 정하리라"(레 14:1-9)

마지막 말씀
- 새를 산 채로 드리는 제사

찰스 스탠리(Charles Stanley)

참으로 선하신 하나님께서 그분의 말씀 안에서, 인간의 타락된 상태와 예수님의 죽으심과 부활을 통한 그 위대한 구원을 우리에게 매우 선명한 그림을 통해 제시하기를 기뻐하셨습니다. 죄에 대한 모형으로 언급하신 문둥병은 참으로 비참하고 황량한(고립되는) 사망(죄로 인한)에 대한 생생한 그림입니다. 문둥병은 매우 혐오스러운 것으로, 온 몸에 피부가 문드러지며, 다른 사람들과 격리되어 홀로 거처해야 하고, 다른 사람들에게 가증스러움을 끼치는 질병입니다. 문둥병 환자에게 가까이 하는 것도 금지되었습니다. 그의 음식은 개천이나 나무 아래에 두었으며, 가능하다면 야생 열매로 연명해야 했습니다. 그의 마음은 집으로 돌아가기를 얼마나 소원했을까요!

한가지 주목해야할 것이 있습니다. "문둥병이 그 피부에 크게 발하였으되 그 환자의 머리부터 발까지 퍼졌거든 그가 진찰할 것이요 문둥병이 과연 그 전신에 퍼졌으면 그 환자를 정하다 할찌니 다 희어진 자인즉 정하거니와"(레 13:12-13). 제사장은 그 경우에 하나님의 판결을 대언하도록 하나님에 의해 세워진 자입니다. 그 정결케 되는 규례는 레위기 14 장4-7절까지 기록되어 있습니다. 제사장은 이 가련하고 두려움에 싸인 문둥병 환자를 계곡 흐르는 물로 데리고 갑니다. 얼마나 엄숙한 순간이겠습니까! 그가 깨끗케 되어 바라고 소원하던 집으로 돌아가거나 아니면 여전히 비참한 상태로 남든지 둘 중 하나의 판결이 나게 되기 때문입니다.

그는 제사장의 모든 움직임을 주목할 것입니다. 새 한 마리가 죽임을 당합니다. 그 피를 질그릇에 담습니다. 그리스도의 죽으심을 놀랍도록 표현하고 있지 않습니까? 이제 제사장은 손에 다른 새를 취하게 됩니다. 제사장은 죽은 새의 피를 찍어 산 새에 뿌리게 됩니다. 당신은 그 깃털에 피가 덮힌 것을 보게 될 것입니다. 그 후 제사장은 그 피를 이 불쌍한 문둥병 환자에게 완전함의 상징인 일곱 번 뿌리게 됩니다.

이제 제사장은 이 불쌍하고 가련한 문둥병 환자에게 하나님의 판결을 내리고자 합니다. 이 문둥병 환자는 숨을 죽인채 그 판결을 기다리고 있습니다. 그는 그의 눈을 들어 제사장의 손에 붙들린 산 새에 고정한 채, 그 마음은 집을 향해 달음질하고 있습니다. 그의 자유에 대한 여부가 이 작은 새 한 마리에 달려 있습니다. 그 새가 놓여지면 그는 자유를 얻게 되는 것입니다.

제사장은 그를 정하다 선언하였습니다. 그 새는 곧 들에 놓였습니다. 기쁨의 눈물이 정함을 입은 문둥병 환자의 볼을 타고 흐르고, 잠시 동안 그는 자신의 자유에 대한 산 증거인 피에 젖은 새가 날아간 곳을 응시하고 있습니다.

그에게 자신이 정하게 된 것을 어찌 아느냐고 묻는다면 그 대답은 다음과 같을 것입니다. '하나님의 제사장이 저를 정하다 선언하였습니다. 새는 자유케 되어 멀리 날아갔습니다. 그것이 곧 저의 대답입니다'. 그렇습니다. 산 새가 멀리 날아간 이상, 그의 정하게 된 사실은 더욱 확실케 된 것입니다. 왜냐하면 이 방법을 통해 하나님은 자신의 마음을 이 불쌍한 문둥병 환자에게 알리신 것입니다. 그가 정하다 선언되기 전까지 그 새는 자유케 될 수 없었던 것입니다.

이러한 진리를 더 이상 쉽게 설명할 방법도 없으며, 이보다 더 귀한 진리도 없다고 생각됩니다. 한 마리의 새는 죽이지 않았으며, 그 후에 놓여졌는데, 이러한 두 마리 새의 그림은 우리의 복된 대속주(Substitute)되신 주님의 죽으심과 부활하심을 나타내기 위한 것입니다. 예수님이 십자가 위에서 죽으사 친히 나무에 달려 그 몸으로 당신의 모든 죄를 담당하신 사실을 믿으십니까? 문둥병 환자가 정하다 선포되지 않았다면 그 새가 놓이지 못했던 것처럼 우리 구원의 보증이 되시는 그리스도께서도 자신의 피로써 우리 모든 죄를 제하시지 아니하셨다면 사망의 감옥에서 나오지 못했을 것입니다. 그러나 하나님은 우리의 대속주

되신 주님을 무덤에서 일으키심으로 우리 모든 신자를 모든 것에서 의롭다고 선언하셨습니다.

반복해서 말씀드리거니와 문둥병 환자는 자신이 깨끗케 된 사실을 알았습니다. 제사장도 그렇게 선언했고 새도 들에 놓였습니다. 저는 죄사함을 받았으며 모든 것에서 의롭게 된 사실을 알고 있습니다. 하나님이 그렇게 말씀하셨으며, 저의 구원의 보증이 되시는 복되신 예수님도 부활하셔서 하늘 높은 곳으로 자유케 되셨습니다. 하나님은 예수님을 죽은 자 가운데서 일으키시는 것보다 제가 의롭게 된 사실에 대한 더 크고 확실한 증거를 주실 수 없으셨던 것입니다.

이것을 깊이 생각해 보십시오. 예수님이 이 모든 일에 보증이 되는 그 시간은 매우 두려운 사건이 있던 때입니다. 그러나 하나님은 예수를 죽은 자 가운데서 일으키시고 우리 모든 죄를 완전히 깨끗하게 하시되, 용서하실 죄를 조금도 남기지 않으시고 오직 최고의 영광을 받으셨습니다. 주님은 우리의 대표로서 죽은 자 가운데서 부활하신 것입니다.

주님께서 모든 죄를 완전히 그리고 영원히 정케하지 않으셨습니까? 두말할 필요도 없습니다! 이와 같이 하나님은 모든 신자를 의롭게 하셨습니다. 당신이 예수님 안에서 진실한 믿음을 가지고 자신을 보지 말고 오직 그리스도를 바라본다면, 당신 자신에게서 확신을 얻으려하지 않고, 당신의 모든 죄에서 의롭다함을 받는 것을 다음과 같은 승리에 찬 대답에 두게 될 것입니다. '그리스도는 부활하셔서 하나님 보좌 우편의 영광 중에 계십니다.'

영광 중에 계신 그리스도께서 우리의 구원과 영광에 대한 보증입니다. 성령님께서 우리를 그리스도와의 인격적인 사귐 속으로 이끄셔서, 우리로 하여금 우리 주님이 입으신 영광의 광채를 보게 하시고, 그 안에서 더욱 깊은 영성의 사람들로 변화시켜 주시길 기도합니다. 아멘.

존 R. 칼드웰,
찰스 매킨토시,
찰스 스탠리
약전(略傳)

영성을 깊게 하는
레위기 묵상

존 R. 칼드웰(John R. Caldwell) 1839-1917

존 R. 칼드웰은 1839년 5월 26일에 더블린에서 출생했으나, 그의 부모는 그가 5세 때 글래스고로 와서 살았고, 칼드웰은 그곳에서 "주의 교양과 훈계로" 양육을 받았습니다. 아버지가 독립교회의 인도자였기에 그런 환경 아래서의 당연한 결과이겠지만, 그의 성향은 줄곧 품행이 반듯하고 도덕적이고 복음주의적이었습니다.

이런 성장 과정을 거친 칼드웰은, 성경과 주 예수님을 믿는지를 물어온 두 집사와의 대화 후에 그 교회에 들어가 주일학교에서 가르쳤습니다. 또한 기독교 청년회(YMCA)의 구성원이 되었고, 그를 아는 모든 이들에게 그리스도인으로 통했습니다. 그러던 중, 1860년 무렵 유명한 전도자인 고든 폴롱이 유잉 플레이스 교회의 경건한 장로들에게 초청을 받아 그곳에서 연속적인 집회를 갖게 되었습니다. 그 집회의 결과를 칼드웰 본인의 말로 인용해보면 이렇습니다.

"나는 자신이 커다란 변화를 체험해보지 못했음을 느꼈습니다. 그리고 집회가 끝나갈 즈음, 다른 많은 이들처럼 근심 속에서 마음을 예비하게 되었습니다. 그러다가 '내 말을 듣고 또 나 보내신 이를 믿는 자는 영생을 얻었고 심판에 이르지 아니하나니 사망에서 생명으로 옮겼느니라' 하는 요한복음 5장 24절 말씀을 들었습니다. 이 말씀은 나에게 참으로 기쁜 소식이었습니다. 나는 들었고 믿었고 영생을 소유하게 된 것입니다. 이때부터 성경은 새로운 책이 되었고, 내가 변함없이 사랑하는 안내서가 되었습니다. 나는 열린 눈으로 성경을 읽었고, 그 안에서 놀라운 것들을 보았습니다."

1859년에 발생한 북아일랜드의 부흥은 글래스고우에까지 커다란 동요를 일으켰습니다. 많은 교회들의 강단이 평신도 복음 전도자들에게 개방되었고, 오랜 세월 이어져온 율법주의적인 교회들은 많은 곳에서 문을 닫아야 할 지경이었습니다. 한편, 이 무렵 유잉 플레이스의 거듭난 사람들의 모임은 오히려 세력이 확장되었습니다. 그들은 교회의 기초를 놓았고, 주일학교 사역에 우선적으로 힘써서 상당한 성공을 거두었는데 장소는 학교 관리자들에게 교실을 빌려서 사용했습니다. 또한 뚜렷한 복음적 노선에서 저녁 봉사에 착수하기도 했습니다. 하지만 이런 일들은 칼드웰에게 과중하게 보였을 뿐 아니라 그가 아무리 많은 수고를 기울일지라도 그것은 교회의 통제로부터 떨어져 있는 섬김이었습니다. 그 일은 반드시 빨리 중지해야 할 필요가 있었습니다.

아마도 이것은 다음 단계로 나아가는 한 과정이었을 것입니다. 바로 그 당시 교파에 대한 부담을 느끼고 있던 칼드웰 시니어와 주님과 첫사랑의 나날을 보내고 있던 칼드웰 주니어가 "주여, 내가 어떻게 하기를 원하시니이까?"를 함께 물어오던 시기였기 때문입니다. 이런 물음은 스코틀랜드 침례교 계열에서 빠져나와 지금은 형제교회로 불리는 경건한 모임과 연결될 수 있도록 해주었습니다. 그리고 이 접촉에 대해 훌륭한 설명을 덧붙인다면, 그것은 지금도 역시 그렇지만 그 때에도 "그리스도 예수 안에서 나의 행사"(고전 4:17)였다고 할 수 있겠습니다.

이 때 이미 칼드웰의 가정에서는 성경읽기(Bible readings)가 시작되고 있었습니다. 그 시간에는 다양한 교리들을 서로 논의했고, 그 때까지 간과해온 주제들을 연구하기 위해 성경을 상고했습니다. 이 덕분에 J. R. 칼드웰과,

그의 친구이자 협력자인 조지 영이 그리스도를 믿는 자로서 침례를 받았습니다.

이 중요한 몇 달간의 과도기를 우리가 다 묘사해내기는 어렵지만, 여하튼 이 시기는 회중 교회와의 끊어짐으로 결말이 났습니다. 그리고는 일평생 성경을 따라 단순함 가운데 모이기를 굳게 지키는 결과로 이어졌습니다. 이에 대해 칼드웰은 다음과 같이 말하였습니다.
"나는 그곳에서 발견한 무리와 더불어 참된 교제를 나누었습니다. 그것은 주의 말씀이 귀중히 여김을 받고 예수님의 이름이 향기롭게 퍼져나가는 그와 같은 교제였습니다."

성공적인 사회생활, 열성적인 교회생활, 성도로서의 한결같은 생활은 서로 배타적이지 않고, 또한 매혹적인 줄거리로 구성된 전기 소설 따위를 만들어내지도 않습니다. 하지만 그럼에도 불구하고, 칼드웰과 같이 탁월한 "사랑받는 형제"의 다재다능한 생애를 전부 펼쳐내려 한다면, 아마 한 권의 책을 따로 엮어야만 할 것입니다. 이제 그의 생애를 몇 가지 면으로 구분해서 살피겠습니다.

제일 먼저 그의 말씀 사역을 언급하고자 합니다. 칼드웰이란 이름은 말씀 사역자로 주의 백성들에게 기억되며, 전 세계 곳곳에서 수많은 성도들이 그의 말씀 증거를 직접 듣는 특권을 누렸습니다. 그가 이따금씩 아침 집회에서 말씀을 전하면, 그것은 감미롭고 간결하고 그리스도를 높이고 경배를 이끌어냈습니다. 또한 그가 주일학교에서, 복음집회에서, 거리의 길모퉁이에서 전하는 메시지를 사람들은 조용하고 공손하게 경청했습니다. 참으로, 그가 지닌 최고의 강점은 성도들을 위한 말씀사역에 있었던 것입니다. 그는 지속적으로 성경의 한 책씩 강해했는데 유난히 즐겨 택하는 책들은 레위기, 고린도전후서, 데살로니가전후서, 히브리서 등이었습니다. 여기에 더해서 제사, 구약의 인물들, 하나님의 선민, 그리스도인의 의무, 또 이와 유사한 주제들에 관하여 연속 설교를 하기도 했습니다. 또는 성경의 한 부분이나 이전에 개인적으로 묵상했던 주제에서 유익한 메시지를 끌어냈고, 사실은 이것이 그가 훨씬 더 흔히 사용한 설교 방식이었습니다.

그의 노트는 제목과 그에 관련된 풍부한 내용이 적힌 작은 종이쪽지들뿐이었습니다. 이 내용들은 말씀을 전할 때마다 청중들에게 들은 말씀에 대해 의견을 내도록 부탁해서 얻은 것이었습니다. 그는 이 불충분한 기록을 계속 간직해두었다가, 언제든지 어디서든지 특정한 주제로 말씀을 전하게 될 때는 듣는 이들에 적합하도록 아주 자유롭게 되풀이하여 사용했습니다. "붉은 암송아지"와 "기업을 무를 자"는 이런 식으로 그가 여러 차례 증거한 선호하는 주제들이었습니다.

그가 전했던 "하나님 우리 아버지", "하나님의 사

랑", "교회", "주님의 재림" 등의 말씀은 그의 마음에서 다른 이들의 마음으로 생생하게 흘러넘쳤던 사실을 많은 이들이 기억하고 있습니다. 그는 '칼드웰과 영의 명주 상업 회사'라는 큰 사업체를 운영했는데, 거기서 근무하지 않을 때의 막대한 시간을 저술 사역에 쏟았습니다. 그가 열정을 쏟아 써낸 책 중 하나는 "장차 이루어질 일들"(Things to Come)이었으며, 그리스도인 초기 때에 씌어진 이 책은 간단명료하며 최신판까지 나와 있습니다. 로스엔젤레스에서 토레이 박사가 집필한 "시대의 징후에 대한 최고의 저서들"의 목록에서도 이 책은 세 번째 자리를 차지하고 있습니다. 그가 저술한 다른 책들인 "하나님의 택하신 백성"(God's Chosen People), "그리스도에 대한 그림자들"(Shadows of Christ), "레위기 제사들에 나타난 그리스도"(Christ in the Levitical Offerings), "이 땅의 친족들"(Earthly Relationships), "당신은 그리스도께 속하였기에"(Because Ye Belong to Christ) 등과 이 밖에 다른 주제들을 다룬 그의 책들은 많은 신자들에게 가르침과 깨우침을 주었습니다.

그의 고린도전서 강해는 주일 오후에 모인 600명의 청중에게 먼저 음성으로 들려졌고, 이후에 "고린도전서, 교회의 헌장"(The Charter of the Church)이라는 제목으로 출판되었는데, 이 책은 교회 서신서들에 관한 해설의 표준서로서 오래도록 남아 있습니다. 이 밖에도 그는 많은 저서들과 소책자들과 복음책자들을 내놓았고, 잡지에도 수없이 많은 기사를 게재했습니다. 글을 쓸 때 그는 언제든지, 지극히 주의 깊게 준비하고 온건하게 전개했습니다. 또한 독자들이 자기의 글에서 확실하게 영적 유익을 얻는 데에 목표를 두었습니다. 바로 이 같은 글들이 60년간의 성도의 삶을 마무리하는 그 긴 시기에 그의 정력적인 펜에서 거침없이 흘러나왔습니다.

신분 고하에 관계없이 세계 곳곳의 형제들이 상담자

인 그의 조언을 얻고자 했습니다. 그 때마다 그는 온화하고 사려 깊은 목소리로 혹은 간결하지만 밝게 빛나는 문장으로 언제나 아낌없이 조언을 제공했습니다. 이와 같은 섬김의 크기와 가치는 오직 보상의 날에만 올바른 평가가 가능할 것입니다.

일생 동안 그가 얼마나 후한 손길로 베푸는 삶을 살았는가는 그 누구도 헤아릴 수 없습니다. 심지어 시간이 지난 지금에조차 그것을 보고하기 어려운데, 이는 그가 구제에 대한 성경의 명령을 엄격히 따르고자 했기 때문입니다. "너는 구제할 때에 오른손의 하는 것을 왼손이 모르게 하여"(마 6:3). 그는 '체계적인 구제'의 열렬한 옹호자였으며, 이는 대부분의 사람들이 생각하는 이상으로 그가 자기 형편에서 무척 너그럽게 베풀어주었음을 뜻합니다.

칼드웰은 시종일관 "건전한 교리"의 충성된 신봉자

요 믿을만한 보호자였습니다. 그의 영적인 본능은 "고등비평"과, 현대 신학과, 성경의 진리와 교훈에 대한 현대식 접근에 관하여 반감을 품도록 했습니다. 그는 자신이 1876년부터 1914년까지 썩 훌륭하게 편집했던 '증인지'의 지면들에서, 한 번 이상 믿음의 근본에 대한 그의 변함없는 지지를 되풀이했습니다. 1910년 말에 그가 발표한 대표적인 진술은 다음과 같습니다.

"무조건적인 무과오를 요구할 수는 없겠지만, 우리가 믿음의 기초에 관한 확고부동한 공식적 신앙고백을 계속해왔다는 것은 기쁜 일입니다. 여기에는 성경의 절대적이고 축자적인 영감, 주 예수 그리스도의 완전한 인성, 그분의 본질적인 신성, 그분의 영광스러운 사역과 그 가치, 인간의 철저한 타락, 속죄의 필요성과 그 충족, 신자들이 현재 영원한 생명을 소유함, 모든 성도가 제사장임, 그리스도의 몸이 하나임, 신약성경에 나오는 침례는 신자들이 물에 잠기는 것임, 매주 떡을 뗌은 하나님의 자녀 모두의 특권임, 세상과 그에 관련된 것들로부터의 성별, 분파적인 명칭과 성직제도를 벗어나 주 예수님의 이름으로 함께 모임, 우리가 고대하고 있는바 '복스러운 소망'은 주님께서 친히 천년왕국 이전에 재림하신다는 진리임, 회개하지 않는 자들은 의식이 깨어있는 상태에서 영원한 형벌을 받게 됨, 구원 얻은 자들은 영원한 복과 영광을 누림 등이 포함되어 있습니다."

그는 계속해서 이렇게 덧붙입니다.
"'성도의 교제'라는 다소 난처한 문제에 대하여 우리의 입장을 명확히 하는 것이 좋겠습니다. '증인지'는 편집인이 모임의 교제에 관하여 폭이 좁은 견해를 지지하는 쪽으로 돌아선 해인 1876년 이후의 몇 년을 제외한다면, 계속 다음과 같은 이들은 모두 영접하는 원리를 옹호했습니다.
(1) 참으로 거듭난 이들.
(2) 근본 교리에 있어 건전한 이들.
(3) 삶이 경건한 이들.
이것이 초창기의 '사랑하는 형제들'의 실행이었고, 지금은 주님과 함께 거하는 존경받는 저자들 다수의 혀와 펜에서 나온 사역 또한 그와 같았습니다."

칼드웰 역시 이런 가르침을 끝까지 붙들었습니다.

1905년은 그의 생애가 끝나가고 있다는 구체적인 조짐이 처음으로 명확히 나타난 해였습니다. 이런 이유로

프랑스로 떠나기 전에 52명의 형제들은, 앞으로 그를 만나 볼 또 다른 기회가 더 이상 없을 거라고 생각했습니다. 그래서 그를 향한 사랑을 확실히 보여주고 받은 도움에 대하여 감사를 표하기 원하여, 1905년 11월 20일 월요일에 기독교 회관의 한 방에서 칼드웰을 만나는 시간을 가졌습니다.

그의 건강은 계속 악화되었고, 생을 마치기 직전에는 마치 어린아이와 같이 아버지 하나님의 품에 안겨 쉬었습니다. 고통과 쇠약함으로 기진맥진해진 이 여러 달 내내 그는 한 마디의 불평도 입 밖에 내지 않았으며, 1917년 1월 14일 주일 오전에 평온히 잠들었습니다. 그는 부활의 아침에 주님의 형상으로 잠깨어날 그 날을 지금 기다리고 있습니다.

찰스 헨리 매킨토시(Charles Henry Mackintosh) 1820-1896

이니셜 C. H. M으로 세계에 널리 알려진 찰스 헨리 매킨토시는 아일랜드 위클로 주의 클렌말루어 배럭스에서 1820년 10월에 태어났습니다. 그의 아버지는 스코틀랜드 고지 연대의 대장이었는데, 반란이 일어난 시기 이후로 아일랜드에서 복무해오고 있었습니다. 어머니는 웰든 부인의 딸로서 아일랜드에서 오랫동안 살아온 가문 출신이었습니다. 매킨토시는 18세의 나이에, 회심한 누나가 보내온

편지를 통해 영적인 깨달음을 얻었습니다. 그리고 J.N. 다비의 '성령님의 역사' 라는 소책자를 정독하면서 평화를 맛보았습니다. 특히 도움을 받은 대목은 "평화를 안겨주는 것은 우리 안에서의 그분의 사역이 아니라 우리를 위해 이루신 그리스도의 사역이다." 였습니다.

리메릭에 있는 회사에 들어간 후, 매킨토시는 독서에 정성을 쏟았습니다. 그는 자기의 지력을 다양한 공부에 부지런히 사용했습니다. 1844년이 되자 그는 웨스트포트에서 학교를 시작하였고, 커다란 열정으로 교육 사역에 자신을 드렸습니다. 그렇다면 이 무렵에 그가 가졌던 영적인 태도에 대해 우리는 어떻게 알 수 있을까요? 그의 목표는 그리스도를 계속 자기 인생의 중심 되는 분으로 소중히 여기고 주님의 일을 자기의 주된 관심사로 삼는 것이었다는 사실에서 확인할 수 있습니다. 그러다가 1853년에 학교가 자기의 첫째 관심사가 될까봐 두려워했던 매킨토시는 마침내 그 일을 중단했습니다.

이런 와중에도 그는 부지런히 모세오경 강해를 썼고, 40년이 넘는 기간 동안 간헐적으로 C.H. 매킨토시 주해들이 발간되었습니다. 창세기, 출애굽기, 레위기, 민수기가 한 권씩 나왔고, 신명기는 두 권으로 나왔습니다. 깊은 통찰력과 함께 복음적인 특성을 지닌 이 저서들은 엄청난 부수가 발행되었고, 판이 거듭되었습니다. 머리말은 그의 친구인 앤드류 밀러가 써주었으며, 그는 이 저작들이 출판되도록 재정적인 도움을 주었습니다. 그리고 이 안에 담긴 가르침에 대해 다음과 같이 평했습니다.
"죄로 인해 철저히 파멸한 인간들에게, 그리스도 안에서의 하나님의 완전한 치료책이 무엇인지를 본서는 완전하게, 명쾌하게, 그러면서 때로는 멋지게 제시해주고 있다."

성경 강해자로서 C.H. 매킨토시는 명료한 문체를 지녔고, 독자들을 격려하는 힘을 발휘하면서 자기의 견해를 펼쳤습니다. 그는 하나님의 말씀에 대한 충성심과 그리스도를 향한 확고한 신뢰를 가지고 그렇게 했습니다. 학교 일을 그만 둔 후에, 그는 더블린으로 가서 그곳에서 공적으로 말씀을 전하기 시작했습니다. 수년 동안 담대하게 복음을 변호하고 증거했으며 또한 진리를 선포했습니다. 하나님은 그의 이런 수고를 놀라울 정도로 사용하셨습니다. 1859-1860년에 부흥이 아일랜드를 휩쓸고 지나갈 때에도 그는 무척 활발하게 움직였고, 이 무렵 그의 수고에 대한 얼마간의 기록을 "오래된 것과 새로운 것"이란 책의 초기본에서 발견할 수 있습니다. 그는 큰 믿음을 소유한 성도였습니다. 하나님은 그에게 자주 시련을 허락하셨지만, 삶의 필요에 대해 부족함을 느끼며 고통당하도록 내버려두신 적은 단 한 번도 없었습니다. 그는 이 사실을 언제든지 증거하고 싶어 했으며, 이것은 그가 복음 사역에 힘쓰면서 세상의 직업에 종사하지 않을 때의 일이었습니다.

생애의 마지막 4년 동안에, 매킨토시는 첼트넘에 거주했습니다. 그리고 연로함에서 오는 쇠약함 탓에 강단 사역을 별로 할 수 없을 때에도 집필은 계속했습니다. 그의 마지막 소책자 시리즈의 제목은 "한 움큼의 꼴(Handful of Pasture)"이었고, 이같은 그의 저작들의 영향력을 헤아리기란 불가능한 일입니다. 그가 쓴 모세오경 강해의 가르침에 흡족함을 느낀 세계 곳곳의 사람들에게서, 그는 끊임없이 감사의 편지를 받았습니다.

1843년 발간한 그의 첫 책은 하나님의 평안이었으며, 1896년에 그가 출판사에 급송한 원고는 "평안의 하나님"에 관한 것이었습니다. 이제 그의 저술은 중단되었고 몇 달 후 그는 안식에 들어갔습니다. 그의 글 모음집(Miscellaneous Writings)은 몇 가지 형태로 출판되었습니다.

그가 평화로이 잠든 때는 1896년 11월 2일이었고, 성도들은 그의 몸을 첼트넘 묘지에 안장했습니다. 많은 지역에서 찾아온 무리가 보는 앞에서, 매킨토시는 사랑하는 아내의 옆에 누웠습니다. 이 때 에딘버러의 월스턴 박사는 창세기 25장 8-10절과 히브리서 8장 10절을 통해 아브라함의 매장에 관한 말씀을 전했고, 헤어지기 전에 장례식에 참석한 사람은 J.N 다비가 지은 아름다운 찬송을 불렀습니다.

오 밝고도 복된 광경이라.
죄가 결코 들어올 수 없는 곳
아직까지 거닐고 있는 여기 이 땅에서 눈을 떼어
그곳만 보기를 간절히 원하노라.

찰스 스탠리(Charles Stanley) 1821-1888

　로더햄(Rotherham) 출신의 찰스 스탠리는 유명한 이니셜인 C. S.로 저서들을 남겼고, 이 책들을 읽고서 축복과 도움을 얻은 많은 사람들은 하나님을 찬미했습니다.

　요크셔의 한 마을에서 태어난 그는 4세에 고아로 남겨졌습니다. 따라서 7세부터는 여름이 되면 들에 나가 일해서 생활비를 벌어야 했습니다. 그리고 공부는 겨울의 몇 달 동안 마을에 있는 학교를 다니면서 했습니다. 이렇듯 그가 여덟 살의 명랑한 꼬마 아이였을 때, 그를 알던 한 신사는 이런 말을 했다고 합니다.

"너는 인류에 재앙을 가져오든지 아니면 축복을 가져오든지 할 것이다."

이는 참된 예언이었습니다. 하나님의 자비하심을 따라서, 찰스 스탠리는 수많은 사람들의 축복의 통로가 된 것입니다. 이런 그의 회심은 소년 시절이었던 14세에 일어났는데, 그는 거듭나자마자 곧바로 "주변의 모든 이들에게 그가 발견한 사랑하는 구세주를 이야기"하기 시작했습니다.

스탠리는 23세에 셰필드에서 철물 사업에 착수했고, 오랫동안 잉글랜드의 여기저기를 돌아다니며 상업에 종사하는 동시에 "전도인의 일"을 했습니다. 그러다가 W. 대령이라는 사람에게 도움을 받아서, 성경을 새로운 책으로 대하게 되었습니다. 따라서 이제는 날마다 성경을 연구했으며, "우리 주 곧 구주 예수 그리스도의 은혜와 저를 아는 지식에서 자라갔습니다."

적은 자본금을 간신히 마련하여 시작한 사업이었음에도 불구하고, 그는 오히려 영국 여러 지역을 다니며 복음을 전하고 신자들을 가르치는 일에 상당한 시간을 바쳤습니다. 40년 후에 그는 이 초기 시절을 회상하면서 다음과 같이 말했습니다.

"그 시기에 주님께서 내 입술을 여시고 어떤 영혼이 회심하지 않는 경우는 드물었습니다. 하지만 이것은 당시에만 나타난 모습은 아니었습니다. 10년 후, 20년 후, 30년 후에도 또한 어느 장소에서든지 나는 동일한 경험을 계속 할 수 있었습니다."

사업상의 어려움에 대해서도 주님은 인자하고 다정하게 보살피시는 예들을 보여주셨으며, 이 사실은 "나를 존중히 여기는 자를 내가 존중히 여기고"(삼상 2:30)라는 약속이 진리임을 증명했습니다. 멸망을 향해 치닫는 이들을 구원하며 성도들을 세워주고 위로하는 그의 수고에 대하여 하나님은 놀랍도록 축복해주셨습니다.

찰스 스탠리는 하나님의 종들을 향한 주님의 특별하고 직접적인 인도하심을 믿었습니다. 그는 이전에 한 번도 가보지 않은 곳들로 가서 복음을 전해야 한다는 부담이 자꾸 생겼으며, 이렇게 찾아간 많은 경우에 사람들이 갈급함으로 귀를 기울이는 모습을 볼 수 있었습니다. 여기에 그 한 가지 예를 제시하고자 합니다.

"우리 셋은 리밍턴에 가도록 인도되고 있음을 느꼈습니다. 그러나 우리는 조그만 안내장 한 장만 들고 있을 뿐이었습니다. 이 인쇄물의 크기는 작은 봉투만 했는데, 리밍턴의 성도들은 3시에 음악회장으로 모이라는 내용이 적혀 있었습니다. 목적은 저녁에 그곳에서 말씀이 전해질 때 주님의 축복이 임하도록 기도하기 위함이었습니다. 약속한 시간이 되자 대략 200명쯤이 함께 모였습니다. 오! 그 시간에 하나님의 역사를 기다리는 연

합된 기도의 외침이 얼마나 놀랍게 은혜의 보좌로 올라갔는지요! 7시가 되자 그 커다란 홀은 사람들로 꽉 들어찼고, 그날 저녁 하나님은 우리의 기도에 응답하셨습니다. 수많은 귀중한 영혼들이 거듭났으며, 그 밤에 구원과 축복을 얻은 이들의 수는 수백 명에 달했다고 전해집니다."

길가와 강가에서, 기차와 기선에서, 경기장과 경마장에서, 홀과 채플에서, 주방과 응접실에서, 극장과 연주회장에서 찰스 스탠리는 주님을 위하여 담대하게 복음을 전파했습니다. "저가 죽었으나" 그의 전도로 구원받은 수많은 이들 및 그가 쓴 다수의 저작들을 통해서 그는 "오히려 말하고" 있습니다.

주님의 일꾼치고 "C. S"라는 이름이 붙은 책들에 관해 들어보지 못한 이가 누구일까요? 그는 자신이 주를 위해서 문서사역이라는 이 지극히 복된 섬김을 어떻게 시작했는지를 다음과 같이 말해주고 있습니다.

"이전에 어딘가에서 말씀을 전하고 있을 때 W. 형제가 내게 이렇게 말했습니다. '기차에서 주님이 역사하신 그 몇 사건을 인쇄물에다 옮겨보면 어떨까요? 저는 주님께서 그것들을 사용하시리라는 확신이 듭니다.' 나는 그런 생각을 한 번도 해보지 않았다고 말했지만, 그는 그렇게 하도록 자꾸 나를 재촉했습니다. 사실 그 순간에는, 주께서 내 책들을 그토록 많은 언어로 옮겨서 사용하실 줄 전혀 예상하지 못했습니다."

저술에 있어 그가 품은 동기는 다음과 같이 진술되었습니다.

"하나님께서 그분이 기뻐하시는 바로 그것을 내게 주셔서 쓸 수 있도록, 나는 그분을 바라보았습니다. 그리고 그것을 아무런 꾸밈없이 있는 그대로 쓸 수 있게 해달라고 구하였습니다. 나는 절대로 분파적인 분위기로 글을 쓰지 않았으며, 오히려 전체 교회를 위해서 또는 모든 죄인에게 복음을 증거하기 위해서 펜을 들었습니다. 그리고 저작들에 인용한 모든 사건들은, 기억해낼 수 있는 한 최대한 사실에 가깝게 정확히 설명하고자 노력했습니다."

"므비보셋"에 대한 자기의 설교를 언급하면서 그는 이렇게 말했습니다.

"내가 믿기에, 주께서 나로 하여금 므비보셋을 이야기하도록 이끄실 때 영혼들이 회심하지 않는 경우는 정말로 보기 어려웠습니다. 병든 자들과 죽어가는 이들에게 이 이야기를 반복적으로 말해야 할 때 나는 이 소책자를 수시로 사용하였고, 주님께서는 그것을 기뻐하셨습니다. 또한 다른 이들이 이 내용으로 설교하는 경우도 있었습니다. M씨는 미국의 거의 모든 도시와 마을에서 자신이 그 내용으로 설교했다고 내게 말해주었습니다. 그러면서 자기가 생각하기에 그 때마다 영혼들은 항상 하나님께 인도되었다고 고백했습니다. 이런 식으로 내가 알고 있는 사례들만 해도 정말 엄청나게 많아서 책 한권을 가득 채울 수 있을 정도입니다."

주의 일꾼들에 대한 그의 조언 역시 아주 시기적절하고도 유익하여, 듣는 이들이 그 조언을 유념하면서 기도 가운데 심사숙고할 만한 가치를 지니고 있었습니다. 그의 다음의 간증 또한 값을 헤아릴 수 없을 만큼 소중한 고백입니다.

"저는 문서사역이든 구두사역이든 그것에 대한 축복과 성과는 온 교회를 사랑하시는 그리스도와의 교제에 비례한다는 사실을 항상 느끼고 있습니다. 또한, 어떤 신자도 다른 신자들의 복지를 추구하지 않고서는 자기의 영혼이 강건해질 수 없습니다."

찰스 스탠리는 1890년 3월 30일에 로더햄에 있던 이 땅의 집에서 하늘의 집으로 옮겨졌습니다. 하지만 그는 자기 뒤에 "C. S"라는 이니셜이 들어간 책들이라는 유산을 남기고 떠났으며, 이 저서들로 인해 그의 이름은 오랫동안 명예를 누릴 것입니다.

형제들의 집 도서 안내

1. 조지 뮐러 영성의 비밀

   조지 뮐러 지음/이종수 옮김/값 1,000원

2. 수백만을 감동시킨 사람을 감동시킨 바로 그 사람: 헨리 무어하우스

   존 A. 비올리 지음/이종수 옮김/값 1,000원

3. 내 영혼의 만족의 노래

   W.T.P 월스톤 지음/이종수 옮김/값 1,000원

4. 모든 일을 하나님의 영광을 위하여 하라

   해리 아이언사이드 지음/이종수 옮김/값 1,000원

5. 윌리암 켈리의 로마서 복음의 진수

   윌리암 켈리 지음/이종수 옮김/값 5,000원

6. 이것이 거듭남이다

　　　　　　알프레드 깁스 지음/이종수 옮김/값 8,000원

7. 존 넬슨 다비의 영성있는 복음

　　　　　　존 넬슨 다비 지음/이종수 옮김/값 5,000원

8. 로버트 클리버 채프만의 사랑의 영성

　　　　　　로버트 C. 채프만 지음/이종수 옮김/값 5,000원

9. 영성을 깊게 하는 레위기 묵상

　　　　　　C.H. 매킨토시 외 지음/이종수 옮김/값 5,000원